Georg Flor
Politische Aktion, Kirche und Recht

Georg Flor

Politische Aktion, Kirche und Recht

Eine Hilfe für das Verhalten bei politischen Aktionen

Wichern-Verlag

CIP-Kurztitelaufnahme der Deutschen Bibliothek

Flor, Georg:
Politische Aktion, Kirche und Recht: e. Hilfe für d. Verhalten bei polit. Aktionen / Georg Flor. – Berlin: Wichern-Verlag, 1987.
ISBN 3-88981-030-6

Fotos auf dem Umschlag:
vorn: epd-bild Stein,
hinten: Evangelische Medienzentrale Berlin
Innenseiten: Archiv

Satz: Wichern-Verlag, Berlin
Druck: Color-Druck, Berlin
Buchbinderei: Lüderitz & Bauer, Berlin
ISBN 3-88981-030-6

Inhalt

Vorbemerkung

Diese Arbeit will eine Hilfe für den Umgang mit politischen Aktionen bieten. Sie versucht, tragende Gesichtspunkte zu ordnen und Erfahrungen zu bündeln.

Im Blick ist der Bereich der EKD. Andere Umfelder können zu anderen Einsichten führen.

Gegenstand sind auch die Rahmenbedingungen, die das Grundgesetz für politische Aktionen setzt. Dadurch berührt sich die Arbeit mit der von der Kammer für öffentliche Verantwortung im Herbst 1985 vorgelegten Denkschrift „Der Staat des Grundgesetzes als Angebot und Aufgabe". In der Denkschrift in größerem Zusammenhang entwickelte Gedanken werden aufgegriffen und auf das eigene, engere Thema bezogen.

Die Arbeit wurde im Januar 1987 abgeschlossen.

A. Politische Aktion und Auftrag der Kirche

1. Politische Aktion

1.1 Begriff und Formen

Der 10. April 1910 markiert einen Neubeginn: Berlin erlebt die erste polizeilich genehmigte Kundgebung unter freiem Himmel, eine Demonstrationsform etabliert sich. Zuvor hatte Reichskanzler von Bülow noch gemeint, es sei nicht deutsche Art, Politik auf die Straße zu tragen. Er irrte. Allein im März 1910 gingen über 780 000 Demonstranten gegen das geltende Wahlrecht auf die Straße. Friedrich Naumann brachte damals ihr Kraftgefühl auf den Punkt: „Das Volk hat sich eine neue Art geschaffen, in der es sich mit den Herrschenden unterhält."

Politische Aktionen sind moderne Ausdrucksformen solcher „Unterhaltung". In ihnen finden sich – meist für begrenzte Zeit und in losem Verbund – Bürger zusammen, um gemeinsam bestimmte politische Ziele zu erreichen. Politische Aktionen sind geprägt vom Protest, wollen Öffentlichkeit mobilisieren, auf ungewohnten und ungenormten Wegen Dinge anstoßen, ändern oder verhindern. Politische Aktionen sprengen den Rahmen des politischen Alltags, gehen über bloße Meinungsäußerungen hinaus, folgen eigenen Spielregeln und Sachzwängen. Sie sind ein umstrittener, aber legitimer Teil unserer Verfassungswirklichkeit.

Politische Aktionen bieten, auch wenn zeitweise bestimmte Themen und Parolen vorherrschen und die Formen sich dann weithin gleichen, ein vielfältiges Bild. Es gibt – die Liste ist unvollständig und weist zahlreiche Überschneidungen auf –:

- Demonstrationen und Kundgebungen, Ostermärsche,
- Bürger- und Selbsthilfeinitiativen,
- Happenings, Go-ins, Sit-ins, Straßentheater,
- Spaliere, Menschenketten, Sitzstreiks,
- Menschenteppiche, Belagerungen, Umzingelungen, Anketten,
- Mahnwachen, Prozessionen,

- Tribunale,
- Aktions- und Widerstandstage,
- Offene Briefe, Plakataktionen, Anzeigenkampagnen und Wahlaufrufe,
- Tragen einheitlicher Embleme,
- Störungen von Veranstaltungen und Gottesdiensten,
- Kirchen- und Hausbesetzungen,
- Streiks und Hungerstreiks, Fastenaktionen,
- Boykott von Personen und Sachen,
- Steuerboykott und Gebührenverweigerung,
- Widerstand und zivilen Ungehorsam,
- Terror.

Feste Organisationsformen mit klar geregelten Verantwortlichkeiten sind selten, Grenzen und Intensität der Beteiligung fließen. Wir erleben von breiten Bewegungen getragene Aktionen und einzelne Unternehmen ohne erkennbaren größeren Zusammenhang. Planmäßiges Handeln, deutliche Führung und Spontaneität mischen sich. Ausdrucksmittel sind vor allem holzschnittartige, griffige Slogans. Emphase in eigener Sache verbindet sich mit polemischer Schärfe in Richtung Gegner. Entschiedenheit rangiert vor Sorgfalt, Gefühl vor ratio. Der Tonfall ist staccato. Das große Ziel läßt wenig Raum fürs Detail, die einzelnen Schritte interessieren kaum. Träume faszinieren. Hoffnung auf eine bessere Welt und Wut über die bestehende gehen Hand in Hand. Elitäres Denken nimmt tiefere Einsichten für sich in Anspruch und drängt zur Tat. Ungeduld breitet sich aus. Unmut über Schwerfälligkeit der politischen Entscheidungsprozesse und über Gleichgültigkeit angesichts der Zeichen der Zeit nährt irrationale Hoffnung auf rasche, den gordischen Knoten kraftvoll durchschlagende Lösungen. Einpunkterklärungen konzentrieren Vorstellungen und Wünsche auf das beherrschende Ziel und lassen alle anderen Dinge oft zweitrangig erscheinen.

Politische Aktionen leben von neuen Ideen und emotionaler Wucht, brauchen Identifikationsfiguren. Werden ihre Rituale zu Routine, so ist das Indiz für schleichenden Verfall.

Auch wenn die Zeichen zur Zeit auf Normalität stehen mögen, ist vielleicht schon bald wieder mit einer steigenden Flut politischer Aktionen zu rechnen. Dann wird es vordergründige und hochgespielte Aktionen ebenso geben wie solche von höchster moralischer und humaner Intensität und politischer Kraft.

Die Wurzeln der heutigen politische Aktionen reichen zurück zu den verschiedenen Protest- und sozialen Bewegungen der Nachkriegszeit. Die Geschichte der Bundesrepublik war seit Beginn von einer Unterströmung des Protests begleitet, der immer neue Anlässe fand: Wiederbewaffnung, NATO-Beitritt, Atombewaffnung, Vietnamkrieg, Ordinarienuniversität, Schah-Besuch, Notstandsverfassung, Kernkraftwerke, Startbahnbau, Wohnungspolitik, Haftbedingungen, Nachrüstung. Die Reaktorkatastrophe in der Ukraine und die Vergiftung des Rheins haben eine weitere Welle politischer Aktionen ausgelöst. Die Protestbewegungen haben vieles inganggesetzt, Klärungsprozesse beschleunigt und angesichts einer als restaurativ empfundenen Entwicklung die Frage nach der Demokratie neu gestellt. Sie haben Veränderungen, auch im Verhältnis der Bürger zur Politik, ausgelöst, deren Folgen noch nicht abzusehen sind.

Politische Aktionen werden heute bestimmt von neuartigen Ängsten und Wertvorstellungen. Vor allem die jüngere Generation fürchtet Zerstörung der Umwelt durch Ausbeutung und ungehemmten wissenschaftlichen Fortschritt. Sie wehrt sich gegen Vernichtung von Arbeitsplätzen und Mißbrauch moderner Datentechnik, lehnt die Menschenwürde verachtende Gentechnik ab, warnt vor den Folgen des Nord-Süd-Gefälles, vor der Eigendynamik des Rüstungswettlaufs und der Zerstörungskraft neuer Waffen und Systeme.

Daneben stehen Sorgen, die mehr auf der älteren Generation lasten: vor erneutem Verlust der Freiheit und Rückfall in autoritäre Strukturen, vor ideologisch besetzter Wachstumsfeindlichkeit, die irrationale Mythensehnsucht gegen Technik und Organisation ausspielt, vor wirtschaftlichem Rückschritt und den damit verbundenen politischen und sozialen Risiken.

Zu beobachten ist geradezu eine Spezialisierung auf bestimmte Ängste bei den Generationen: auf alte, erfahrene Krisen und Ängste einerseits, auf neue, prognostizierte andererseits. Was den einen unverzichtbare Errungenschaft bedeutet, ist den anderen Gegenstand kritischer Rückfrage. Beide, die alten und die neuen Ängste, haben ihr Recht, bedingen und verstärken sich gegenseitig.

Politische Aktionen sind ein Frühwarnsystem, Seismographen für geistige Erschütterungen, sind Ausdruck eines Krisenbewußtseins, das die Leitidee der modernen Industrie- und Wachstumsgesellschaft infragestellt und deren negative Folgen nicht mehr ohne weiteres hinnimmt. Die Gewißheit eines wertorientierten Fortschritts zum Besseren hin ist weithin zerbrochen und mit ihr der Glaube an ein sinngebendes Prinzip der Geschichte. Überzogene und demzufolge enttäuschte Hoffnungen auf eine perfekte Gesellschaft weichen düsteren Visionen und negativen Utopien. Gegenwartsverdrossenheit und Zivilisationskritik steigern sich zu Ekel am Bestehenden, die Bedrohtheit der Welt wird immer stärker empfunden, Zukunftsangst greift um sich.

Der Emanzipationsprozeß hat den Menschen aus ihn einengenden gesellschaftlichen und geistigen Bindungen gelöst, ihm damit aber zugleich Halt und Schutz genommen. Er hat den Menschen zu einer Freiheit verurteilt, in der es an Orientierung mangelt. Neue Techniken beeinflussen und verändern das menschliche Leben, sind aber keine Art der Sinnerfüllung, die verlorengegangene religiöse und philosophische Sinnsysteme ersetzen könnte. Ein entstrukturiertes Weltbild und eine regellose Kultur bahnen sich an. Postmaterielle Werte wie Selbstbestimmung, Zusammengehörigkeitsgefühl, Partizipation an politischen Entscheidungen ohne Zwang und Anpassungsdruck prägen die Zielvorstellungen politischer Aktionen.

Politische Aktionen sind auch Folge der Sinngebungsschwäche dieses Staates, der sich als freiheitlich begreift, das hohe Gut der Freiheit, ihre Voraussetzungen und ihre Zerbrechlichkeit seinen Bürgern aber nicht hinreichend verdeutlichen kann, eines Staates, dem es nicht gelingen will, den technischen Prozeß in die Schranken zu verweisen, welche die Humanität gebietet.

Viele junge Menschen steigen in die gesellschaftlichen und politischen Institutionen gar nicht erst ein, sondern beginnen ihren Weg als „Aussteiger“ oder spielen zumindest nur unter Vorbehalt mit und nutzen die vorhandenen Liberalitäts- und Toleranzspielräume unbekümmert. Die soziale Geborgenheit ist brüchig geworden, das Vertrauen in die berufliche und gesellschaftliche Integrationsfähigkeit läßt nach, viele fühlen sich in dieser Gesellschaft und diesem Staat nicht wirklich gebraucht. Das verändert die politische Landschaft tiefgreifend.

Politische Aktionen verschärfen das Problem der Wahrung und Durchsetzung des Rechts gegenüber denen, die diese Rechtsordnung nicht mehr annehmen. Sie machen deutlich, daß die humane Grundeinsicht, wonach der Schutz unserer Zivilisation mit der Rechtsordnung und der Wahrung ihrer Regeln beginnt, nicht gesichertes Allgemeingut ist. Politische Aktionen signalisieren Gefahr für den Rechtsstaat.

Politische Aktionen sind zugleich eine Frage an die Kirche. Sinngebungsschwäche des Staates korrespondiert mit Sprachlosigkeit der Kirche in den Dingen des Glaubens. Politische Aktionen verraten oft geistliche Heimatlosigkeit. Bei ihrem Drängen in Richtung Kirche bricht Sehnsucht nach verlorener Geborgenheit, Suche nach Existenzwissen durch.

1.2 Umgang mit politischen Aktionen

Die Reaktionen der Bürger auf politische Aktionen schwanken zwischen lebhafter Zustimmung, schulterklopfender Ermutigung, erschrockener Abwehr und haßerfüllter Ablehnung. Auf Seiten der öffentlichen Hand beobachten wir Hilfsbereitschaft, opportunistische Nachgiebigkeit und unbedenkliches Laufenlassen, aber auch nonchalanten Rechtspositivismus und autoritäre Scharfmacherei. Die einen neigen zu leichtfertiger Bagatellisierung, die anderen nehmen aus Sorge vor dem, was sich da zusammenbrauen mag, die Dinge überdimensioniert und verzerrt wahr.

Politische Aktionen treffen auf eine bis heute wirksame Tradition, die obrigkeitsstaatlich durchsetzte Strukturen höher ansiedelt als individuelle Freiheitsrechte, und für die sich deshalb Gehorsam und Disziplin weniger verdächtig machen als Kritik an schwach gewordenen Autoritäten und Ordnungen. Immer noch baut eine konservative Ordnungsreligion der Obrigkeit Altäre. Sie will nichts davon wissen, daß Konflikte eine Grundtatsache gesellschaftlichen Lebens sind, huldigt einem falschen Harmoniebedürfnis. Sie meint, Politik sei dazu da, Streit zu vermeiden und endgültige Lösungen zu finden, anstatt Konflikte auszutragen und durch Kompromisse einen für alle tragfähigen modus vivendi zu finden. Parteien, die unter sich kontrovers diskutieren, gelten als zerrissen, Politiker, die den Ausgleich suchen, als führungsschwach. Politische Opposition läßt man nur gelten, wenn sie bereits einige Stärke gewonnen hat. Kleine Oppositionsgruppen sind lästig. Machen sie sich gar in politischen Aktionen bemerkbar, werden sie zu Störenfrieden. Greifen politische Aktionen Mißstände auf, erfahren sie nicht selten, daß Tucholsky recht hatte, als er meinte, in Deutschland gelte derjenige, der auf Schmutz hinweist, für gefährlicher als derjenige, der Schmutz macht.

Politische Aktionen haben in unserem Land ihren vom Grundgesetz geschützten und nicht nur widerwillig hinzunehmenden Ort. Der liberale Verfassungsstaat verträgt und braucht eine gute Dosis direkter Aktion und Provokation. Dadurch werden die Machthaber aufgerüttelt und die Privilegierten beunruhigt. Politische Aktionen nehmen eine kompensatorische Funktion wahr, weil die im demokratischen Staat eingebauten Kontrollmechanismen nicht ausreichen. Wer demonstriert, trägt nicht „Politik auf die Straße", sondern nimmt ein Bürgerrecht wahr. Proteste sind keine Krankheit. Sie können ebenso eine Tugend sein wie „die ruhige und einsichtsvolle Loyalität des Staatsbürgers"[1]. Politische Aktionen können sich „auf verquere Weise staatstragend"[2], als Kräfte der Selbsthilfe bewähren.

Der Umgang mit ihnen verlangt Vernunft, Augenmaß und Phantasie. Bloß reagierendes, situationsbezogenes Krisenmanagement reicht nicht. Polarisieren ist töricht. Widersprüchliche Ängste gegeneinander ausspielen führt nicht weiter. Die Demokratie kann angesichts der Herausforderung durch politische Aktionen mit Anstand nur bestehen, wenn sie sich als Staatsform des Kompromisses und des Ausgleichs zwischen den auseinanderstrebenden Sorgen, Hoffnungen und Ängsten bewährt.

Eine freiheitliche Gesellschaft braucht eine Ethik der Rechtsbefolgung, darf darüber aber nicht blind werden für die Anliegen der auf Veränderung drängenden Kräfte – auch wenn diese sich in ungebärdigen politischen Aktionen Luft schaffen und krause Programme verkündigen. Eine freiheitliche Gesellschaft lebt vom Geist freiwilligen Gehorsams ebenso wie vom „Geist humaner Widersetzlichkeit"[3].

Nicht jede Aufsässigkeit ist unerträglich und rüttelt an den Grundfesten der Verfassung. Persönliche Verletztheit und Enttäuschung sind noch kein Beweis für Gefahr im Verzug. Undemokratisches Mißtrauen bricht durch, „wenn jeder Kritiker zum Verfassungsgegner gestempelt, jede unorthodoxe Ansicht als umstürzlerisch gewertet und jede Systemopposition als so bedrohlich angesehen wird, daß sie unter Kuratel der Staatsschützer gestellt werden muß"[4]. Der Staat soll Aktionen, wenn sie das Recht verletzen, entgegentreten und dem Mißbrauch politischer Freiheiten wehren, aber er soll aus dem Schuldigwerden einzelner Akteure nicht ohne weiteres den

---

[1] Herzog vor der EKD-Synode 1985

[2] Bütow, in: Randelzhofer/Süß (Hg.), Konsens und Konflikt – 35 Jahre Grundgesetz, Veranstaltung der FU Berlin 1986, S. 103.

[3] Guggenberger, An den Grenzen der Verfassung, FAZ, 3.12.1983

[4] Sommer, Schnüffeln für die rechte Riege, Zeit, 20.12.1985

Nachweis der eigenen blütenweißen Weste herleiten. Nötig ist souveränes, nicht herablassendes staatliches Handeln, das die formellen Kompetenzen nicht überspannt, Verhältnismäßigkeit der Mittel wahrt und politische Probleme nicht allein unter dem Gesichtspunkt von Sicherheit und Ordnung angeht.

1.3 Versuchung des Absoluten

Politische Leidenschaft, die sich selbstgesetzten Zielen mit Haut und Haar verschreibt, macht unfrei und läßt alles, was es sonst noch gibt, nur noch als Stufe oder Mittel zum Zweck erscheinen, macht anfällig für die Versuchung des Absoluten.

Politische Aktionen jagen oft idealistischen Vorstellungen nach, entwickeln Lehren vom Guten, zeichnen Bilder einer befriedeten Welt, träumen von Gleichheit und Brüderlichkeit, denken in Endzeiten. Sie meinen, fast alles sei möglich, ignorieren dabei aber leicht die Bedingungen, unter denen das mit so großer Leidenschaft angestrebte Gute zu verwirklichen ist, und beachten oft nur unzulänglich die psychologischen oder sozialen Umstände, die bei der Aufstellung rigoroser ethischer Forderungen bedacht sein wollen. Sie legen sich fest auf gesinnungsethische Maximen und übersehen, daß eine Ethik, die nicht auch vom Tun und von der Verantwortung für dieses Tun handelt und die Anthropologie vernachlässigt, keine Ethik, sondern Philosophie oder Poesie ist.

Überhöhte Ziele verdrängen die Einsicht in die Sündhaftigkeit des Menschen und setzen einseitig auf seine Fähigkeit, humaner Nächster zu sein. Dabei ist ein und derselbe Mensch gut und böse, human und inhuman, in jedem steckt etwas vom Engel und vom Teufel. Beide Möglichkeiten sind immer gegeben.

Es ist wohl ein typisch deutscher Zug, Konfliktlagen rasch in ein hartes Entweder-Oder zu bringen, „statt sie offenzuhalten mit der Möglichkeit selbst kleinster Veränderungen, von der jede Struktur lebt, wenn sie überleben will“[5]. Realitätsferner und -fremder Utopismus mindert die Bereitschaft, über dem Denken des Unmöglichen das Mögliche zu tun. Das bewirkt dann nicht das gewollte Gute, sondern führt in die Nähe der fatalen Verbindung von Tugend und Terror, denn hehre Ziele können ihre Herolde verleiten, Tugend gewalt-

---

[5] Gerstecki, Leben und Bleiben in der DDR, Zeit, 5.4.1985

sam abzustützen. Robespierre verband „Tugend, ohne die Terror unheilvoll ist", mit „Terror, ohne den Tugend machtlos ist". „Enthusiasten", so Eberhard Jüngel vor der EKD-Synode 1985, „wollen das Gute, aber sie wollen leicht des Guten zu viel, und damit beginnt das Böse". Zum gleichen Thema André Glucksman: „Auch in mir und meinen Angehörigen liegt das Potential, nicht nur KZ-Opfer zu sein, sondern auch selbst Lager zu errichten und zumindest ihr Bestehen zu akzeptieren. Und zwar im Namen des Guten für die gute Sache. ... Die großen Ideale gebären Monster."[6]

Christen werden der Versuchung des Absoluten besonders dann ausgesetzt, wenn ihre politischen Entscheidungen Bekenntnischarakter gewinnen, also nicht mehr verantwortungsbewußtes politisches Kalkül die Grundlage bildet, sondern Glaubensgehorsam eben diesen einen Weg verbindlich vorschreibt. Dann gilt nicht mehr, daß der Christ politische Entscheidungen, die er durch Teilnahme an politischen Aktionen bekräftigt, im sachbezogenen Dialog ermitteln und politisch begründen muß. Dann wird bestritten, daß der Christ, auch wenn er bei seinen politischen Entscheidungen an die Norm der Liebe gebunden ist, nicht für sich allein Kenntnis dessen reklamieren kann, was die Liebe fordert. Der „Abgrund des Ungewissen wird mit der selbsterzeugten Gewißheit überdeckt."[7] Wer die möglichen und nötigen Konkretionen des Liebesgebots mit dem Anspruch befrachtet, so und nicht anders Gottes Gebot zu vollziehen, landet beim Motto der Kreuzzüge „Dieu le veut", beim „Gott mit uns" auf den Koppelschlössern der Soldaten und beim Exklusivparadies des politischen Pharisäers, der, weil er den gottgewollten Weg zweifelsfrei weiß, der Vergebung nur noch insofern bedarf, als er ihn nicht mutig genug geht. Die großen Propheten und Veränderer treten auf den Plan. Die Welt des Sollens erhält Vorrang vor der Welt des Seins. Der Politik wird auferlegt und zugemutet, alle menschlichen Konflikte einzuebnen und den ewigen Frieden schon hier zu schaffen.

Wer den Stein der Weisen gefunden hat, braucht darüber nicht mehr zu reden, das Gespräch wird zunächst überflüssig, dann lästig und schließlich zum Ärgernis. Aus dem Dialogpartner wird der Tor,

---

6 *Glucksmann, Im Palast der Dummheit ist Platz für jedermann, Streitgespräch mit Fischer, Zeit, 21. 3. 1986*
7 *Krockow, Gewalt für den Frieden? München 1983, S. 21*

der nur noch die Einsicht der Elite nachvollziehen kann. Ketzerhüte liegen bereit.

Wer hingegen daran festhält, daß er keinen heiligen Krieg führt, wird die Grenzen zum inneren Freiheitsraum des Gegners wahren und nicht in den Fehler verfallen, durch Intoleranz gerade dem zu schaden, was er verteidigen will.

Unverändert gilt, was Adolf Arndt einst beschwörend gesagt hat: „Der soziale Staat und die menschenwürdige Gesellschaft sind ein Vorletztes; ihnen kann nicht gerecht werden, wer sich übernimmt, einzig im Namen des Letzten zu leben, und dadurch das uns anvertraute Diesseits mißachtet. ... Die Unmenschlichkeit bricht aus, sobald im Vorletzten ... eine letzte Wahrheit zum Maßstab für mitmenschliche Gemeinschaft erhoben wird."[8]

1.4 Status quo und Sachzwang

Wer Veranstalter politischer Aktionen warnt, die eigene Position zu überhöhen, soll nicht im Gegenzug seinerseits falschen Autoritäten dienen. Das aber geschieht, wenn der Reaktionär den Status quo zum Dogma erhebt und Sachzwänge als unumstößliche Wahrheiten hinstellt. Wer Sachzwänge und Eigengesetzlichkeiten für unantastbar hält und sich ihnen willenlos oder resigniert beugt, verleiht ihnen einen dem Menschen übergeordneten, von ihm unabhängigen und daher nicht zu verantwortenden Rang. Dinge werden zu Götzen. Politische Aktionen, die den Status quo ändern und Sachzwänge aufbrechen wollen, werden in die Rolle von Aufsässigen gegen das Recht gedrängt, während sie doch in Wahrheit meistens nach mehr Gerechtigkeit suchen.

Unreflektierte Anhänger des Status quo erschweren kritische Analyse und durchgreifende Änderung der Verhältnisse ebenso wie undifferenzierte Anwälte totaler Veränderung. Eine Gesellschaft, die Träume und Utopien vorschnell als systemverändernd verwirft und mit dem Verdikt mangelnder Machbarkeit belegt, erstarrt. Wenn sie nur konserviert und Besitzstände wahrt, geht sie unter.

Wer für den, der bekennt, er habe einen Traum, nur Abwehr, allenfalls müdes Lächeln übrig hat, verstrickt sich ebenso wie der Schwärmer, der, fixiert auf das selbstgebastelte Weltbild, als real nur aner-

---

[8] Geist der Politik, Berlin 1965, S. 64

kennt, was in dieses Bild paßt. Träume sind von der Tat oft gar nicht so weit entfernt, wie mancher meint, und Sachzwänge oft nur fragwürdige Schutzwälle vor einer brüchig werdenden Ordnung.

2. *Politische Aktion und Handeln der Kirche*

2.1 Unterschiede

Die Kirche stammt nicht von dieser Welt, existiert aber in ihr, ist für sie da und lebt in Ordnungen und Staaten, die Gott zur Erhaltung der Welt braucht. Alles kirchliche Tun hat daher auch eine politische Dimension, christlicher Glaube wirkt auf die Gemeinschaft ein, das Evangelium meldet in seiner Heilsverkündigung seinen Öffentlichkeitsanspruch an jedermann an. Dieser Öffentlichkeitsanspruch ist zugleich Gewissensanrede an den Staat.

Kirchliche Verkündigung zielt jedoch nicht wie die politische Aktion auf einen im Vorletzten beheimateten Zweck, ist keine Option für dieses oder jenes Programm, für diesen oder jenen Weg zur Lösung bestimmter Probleme. Wohl hat der Gottesdienst ebenso wie die politische Aktion demonstrativen Charakter, aber er demonstriert für die Auferstehung Jesu Christi, die Versöhnung Gottes mit der Welt. Der prophetische Wahrheitsanspruch kirchlicher Verkündigung ist etwas anderes als das entschiedene Eintreten für politische Ziele.

Die politische Aktion richtet sich nach den Methoden des politischen Kampfes. An solchem Machtkampf kann sich die Kirche aus ihrem Wesen heraus nicht beteiligen. Sie darf sich nicht durch Maßstäbe der Macht und durch politische Taktik fremdbestimmen lassen.

Die politische Aktion darf parteilich sein. Die Kirche muß Haus für alle bleiben, ist an die ganze Gemeinde gewiesen, an denjenigen, der gegen die Ordnung aufbegehrt ebenso wie an denjenigen, der sie hütet, an den Bewahrer und den Veränderer.

Die politische Aktion handelt und bestimmt ihre Ziele nach den Einsichten dieser Welt, will Effektivität und ist eingebunden in die herrschenden politischen und kulturellen Strömungen. Die Kirche hingegen hütet die einzige Wahrheit, die tiefer reicht als alle menschliche Vernunft, und mit ihr ein Wissen vom Menschen, das jenseits aller vordergründigen Rationalität wurzelt. Die Kirche muß über diese Wahrheit auch dann Auskunft geben, wenn alle Bemühungen politischer Aktionen versagen und sie selbst ratlos ist. Die Kirche muß ein Existenzwissen vermitteln, das gegenüber allen Einsichten der Welt die religiöse Dimension als konkrete Erfahrung deutlich macht. Sie verdunkelt ihren Auftrag, wenn sie bestimmte politische Ziele zu kirchlichen Zielen macht.

Die politische Aktion will Recht haben und Recht behalten. Die Botschaft der Kirche befreit den Menschen von dem Zwang, immer recht haben zu müssen.

Die politische Aktion handelt direkt. Die Kirche muß zugleich Distanz wahren.

Die politische Aktion schafft und verstärkt Konflikte. Die Kirche will versöhnen.

Die politische Aktion sucht die große Zahl und findet in der Masse Geborgenheit. Die Kirche predigt vor allem die Zuwendung Gottes zum einzelnen Menschen.

Die politische Aktion ist laut. Die Kirche braucht Sinn für das Leise. Die politische Aktion kennt ihr Ziel, meint zu wissen, was not tut. Die Kirche kann keine glatten politischen Weisungen geben. Für sie gehen

- Seelsorge vor öffentlichem Appell,
- Trost vor Agitation,
- Sammeln vor Kaderbilden,
- Überzeugen vor Polemik,
- Liebe vor Druck.

2.2 Kirchliche Einwirkung

Obwohl politische Aktionen grundsätzlich nicht ihre Sache sind, kann sich die Kirche ihnen oft nicht entziehen, sei es, weil sie ohne oder gegen ihren Willen hineingezogen wird, sei es, weil sie aus eigenem Entschluß eingreift.

Veranstalter politischer Aktionen suchen in der Kirche gern den natürlichen Verbündeten. Einige wollen sich die Kirche als Lautverstärker nutzbar machen. Andere streben kirchliche Vermittlung an, um Schaden zu vermeiden und gerissene Gesprächsfäden neu zu knüpfen. Noch wieder andere vermuten in der Kirche eine Schwachstelle des Systems und setzen daher dort den Hebel zu seiner Veränderung an. Viele Bürger endlich wollen ganz einfach, daß die Kirche Heißsporne zügelt und für Ruhe sorgt. Allenthalben sind die Erwartungen hoch, oft unrealistisch hoch.

Eine Notwendigkeit, von sich aus auf Aktionen Einfluß zu nehmen, kann für die Kirche bereits im Vorfeld entstehen, etwa um

- die an den Aktionen teilnehmenden Christen zur Besonnenheit zu mahnen,
- aufreizenden und aufheizenden Parolen entgegenzuwirken und von unbedachten Aktionen abzuraten,
- den Staat zu warnen, politische Probleme allein mit polizeilichen Mitteln lösen zu wollen,
- Gespräche zwischen Veranstaltern, Polizei und anderen staatlichen und kommunalen Behörden, Parteien und Verbänden über den Ablauf der Aktion, unter Umständen auch über ihre inhaltliche Thematik, anzuregen,
- den Konfliktparteien kirchliche Räume als neutrale Foren anzubieten und dort gegebenenfalls selbst moderierend mitzuwirken,
- Vermittler und vertrauliche Gesprächspartner zu benennen,
- im Sinne des Versöhnungsauftrages an die Öffentlichkeit zu appellieren,
- kirchliche Mitarbeiter an ihre besondere Verantwortung und ihre Dienstpflichten zu erinnern.

Die Gründe, die bereits vorab die Kirche veranlassen können, tätig zu werden, gelten erst recht während der Aktion. Dann verstärken sich allerdings zugleich die Risiken, denn

- das Handeln der Kirche ist immer Mißverständnissen ausgesetzt,
- die Kirche gerät rasch in eine faktische Mithaftung für den Geschehensablauf und in eine Parteistellung, die ihre Glaubwürdigkeit als Makler schmälert,
- aus einmaligem Tun können sich Drucksituationen ergeben, die den eigenen Handlungsspielraum, insbesondere auch für die Zeit danach, einengen,
- ihre Beauftragten können in Lagen geraten, in denen ein Scheitern nahezu programmiert ist,
- die Lage ist oft so diffus, daß kompetente Gesprächspartner schwer auszumachen sind und, wenn man sie denn gefunden hat, immer noch zweifelhaft bleibt, ob sie getroffene Absprachen durchsetzen können.

Keines dieser Argumente, denen sich weitere anfügen ließen, darf die Entscheidung der Kirche, sich bei einer politischen Aktion so oder so zu engagieren, letztlich hindern. Die Argumente wollen aber warnen vor einem allzu unbedachten Hineinschlittern in Lagen, die man nicht übersieht und erst recht nicht beherrscht.

Kirchliche Einflußnahme verlangt Sachkompetenz. Der einzelne Teilnehmer ist nicht zu tadeln, wenn er mitmacht, ohne daß zuvor alle Sachfragen ausgelotet wurden und zunächst Gefühle und Ahnungen die Wissenslücken füllen. Schöpferische Vorstellungskraft kann zum Zuge kommen, bevor der Unterbau klärender Grundlagenarbeit errichtet ist und Kontrolle die Einsichten bestätigt hat. Demonstranten dürfen ungeschützt reden.

Anders die Kirche. Zwar kann und darf sie sich im Umgang mit politischen Aktionen raschem und entschlossenem Handeln oft nicht entziehen, aber bevor sie inhaltlich zur Sache redet, muß sie sich sachkundig machen. Sie darf sich nicht spontan „entrüsten", sondern muß sich, wie es im alten Kirchenlied heißt, „rüsten", das heißt für Analysen sorgen, geduldig zuhören, durch bohrende Fragen ein zuverlässigeres Bild gewinnen. Sie darf sich nicht zu Stellungnahmen nötigen lassen, wo es ihr an Kunde fehlt. Wenn sie die eigene Ratlosigkeit zugibt, überzeugt sie mehr, als wenn sie ihre Unkenntnis in fromme Allgemeinplätze verpackt, dadurch Steine statt Brot gibt und sich selbst disqualifiziert.

Politische Aktionen neigen zu großen Worten. Kirche sollte nicht mit großen Worten antworten, denn große Worte der Kirche gelten dann meist nicht viel. Im aktuellen Umgang mit politischen Aktionen geht es weniger darum, allgemeine Prinzipien auszubreiten, als darum, das Allgemeingültige in glaubwürdige Entscheidungen ad hoc umzusetzen. Kirchliches Handeln wird dadurch nicht perspektivlos, schrumpft nicht zu taktischem Management, aber die Perspektiven ihres Handelns dürfen den Blick für das hier und heute Notwendige nicht trüben. Der Auftrag der Kirche am brisanten Ort verlangt zähe Geduld und viele kleine Schritte. Der politischen Aktion mit dem großen Entwurf muß die Kirche mit der Einsicht in das geistlich und politisch Machbare begegnen und mit der Entschlossenheit, dies auch zu tun.

Die Palette kirchlicher Möglichkeiten des Reagierens sollte an Vielfalt dem Einfallsreichtum politischer Aktionen nicht nachstehen. Die Kirche sollte fröhlich sein mit den Fröhlichen und nicht durch gestelzten Ernst das Klima verderben. Sie sollte die Traurigen nicht allein lassen, den Verzweifelnden Mut machen, den Gewalttätigen mit Festigkeit, den Friedfertigen freundlich begegnen. Kriterium bleibt die Phantasie der Liebe, die Ordnungen ernst nimmt, ohne sie zum Dogma zu machen, Einfühlsamkeit mit Deutlichkeit verbindet, warmherzige Nähe mit kritischer Distanz, Offenheit mit Geschick.

2.3 Sondergottesdienste, Sonderkirchen, Prozessionen

Im Grenzbereich zwischen kirchlichem Handeln und politischer Aktion bewegen sich Sondergottesdienste, die thematisch, in ihrer äußeren Gestalt und in der Orts- und Zeitwahl ganz auf die Anliegen politischer Aktionen abgestimmt sind. Es gibt vielfältige Formen: Bitt- und Gebetsgottesdienste, Gedenk- und Festgottesdienste, Agape-Feiern, Prozessionen und anderes mehr. Im Zentrum der Auseinandersetzungen um solche Gottesdienste steht die Frage nach den Grenzen politischer Predigt und ihrem Umschlagen in politische Aktion.

Herausragendes Beispiel ist der Friedensgottesdienst am 16. 10. 1983 in Jülich, zu dem 33 rheinische Superintendenten aufgerufen hatten. Das Vorhaben war von vornherein umstritten.
Die Kritiker meinten,

- in einer politischen Frage, die nicht Bekenntnisfrage sei, werde einseitig Stellung genommen, dadurch würden Gottesdienst, Talar und Abendmahl zu Bestandteilen einer Demonstration,
- andersdenkende Christen würden ausgeschlossen, der Gottesdienst trüge den Keim der Spaltung in die Kirche,
- einer bedenklichen Gleichrangigkeit einer Glaubensaussage mit einer von einer Gewissensentscheidung getragenen politischen Entscheidung werde Vorschub geleistet.

Die Veranstalter meinten,

- im Rahmen des Gottesdienstes werde zum Ausdruck gebracht, welche Erkenntnisse sie aufgrund ihres Glaubens und in gewissensmäßiger Bindung in der Friedensfrage vertreten,
- niemandem, der aufgrund desselben Glaubens zu einer anderen Gewissensentscheidung gekommen sei, werde der Glaube abgesprochen, das fundamental Verbindende sei gegenüber den verschiedenen Erkenntnissen über den Weg des Glaubensgehorsams deutlich abgehoben,
- die Einladung habe keine nötigende Wirkung, sondern mahnenden Charakter.

Der Konflikt wurde noch verschärft, weil zwar nicht die Veranstalter, wohl aber Teile der Friedensbewegung den Friedensgottesdienst ausdrücklich als „Widerstandstag“ charakterisierten. Am gleichen

Tag wurden auch in anderen Landeskirchen „Widerstandstage der Kirchen“ durchgeführt. Dieser Bezeichnung haben die jeweiligen Kirchenleitungen widersprochen.

Man mag allgemeine Grundsätze entwickeln, wann solche Gottesdienste fragwürdig werden, weil sie demonstrativ politisches Agieren geistlich überhöhen und der Prediger nicht mehr „Botschafter an Christi Statt“, sondern Sprecher einer Gruppe oder Bewegung ist. Schon das ist schwer. Noch schwerer ist es, solche Grundsätze auf den konkreten Einzelfall anzuwenden. Seelsorgerliche Begleitung politischer Aktionen kann notwendige und legitime kirchliche Aufgabe sein. Der Wunsch von Teilnehmern, dies möge in Form besonderer Gottesdienste geschehen, ist ernstzunehmen. Sondergottesdienste können eine Chance bieten, das Wort Gottes dort zu sagen, wo es sonst niemand hören will. Aber auch wenn Demonstranten nachdrücklich und aus lauteren Motiven drängen, muß geprüft werden, ob angesichts der besonderen Umstände die Freiheit der Verkündigung des Evangeliums gewährleistet oder nicht im Gegenteil eine Verfremdung des Gottesdienstes nahezu zwangsläufig ist.

Plakate gehören auch bei Sondergottesdiensten nicht in den Kirchraum und an den Altar, Politwerbung und Protestsongs nicht in das gottesdienstliche Geschehen. Medien, die – gerufen oder aus eigenem Antrieb – wegen der politischen Brisanz des Gottesdienstes ausführlich berichten, unterstreichen die Anfälligkeit für Mißbrauch. Eine faktische Beschränkung der Gottesdienstteilnehmer auf Befürworter einer bestimmten politischen Linie verträgt sich schlecht mit Offenheit der Kirche für alle.

Mißverständnisse und Verfremdung nehmen in dem Maße zu oder ab, je geographisch näher oder ferner vom „Objekt“ der Gottesdienst gehalten wird. Im April 1982 wurde in Kellinghusen/Kreis Steinburg ein Gottesdienst in eine politische Protestversammlung eingebunden. Mit einem „Feldgottesdienst“ protestierten rund 4 000 Menschen in unmittelbarer Nähe einer Kaserne. Eine Einladung des zuständigen Bischofs an die Veranstalter, an einem Gottesdienst in der Kellinghusener Kirche teilzunehmen, hatten diese zuvor abgelehnt[9].

Die Kirche sollte um ihres Versöhnungsauftrages willen bei von ihr verantworteten Gottesdiensten die Nähe von Reizpunkten, bei denen die Zeichen ohnehin auf Sturm stehen, meiden. Der einzelne

---

[9] epd Nr. 25/82

kirchliche Mitarbeiter mag dort wirken, der provozierende Gottesdienst ist schwerlich hilfreich.

Der Streit um politisch akzentuierte Gottesdienste spitzt sich zu, wenn an Brennpunkten des aktuellen Geschehens eigens Sonderkirchen errichtet werden. Derartige Sonderkirchen sind entgegen den Behauptungen ihrer Initiatoren schwerlich eine Demonstration von Gewaltlosigkeit, sondern eher geeignet, Eskalation geistlich abzudecken. Einer bestimmten politischen Entscheidung und der Parteinahme gegen den Staat wird religiöse Weihe verliehen. Andersdenkende werden allein schon durch die Ortswahl von der Teilnahme am Gottesdienst abgeschreckt.

Bei der Errichtung von Sonderkirchen wird auf die im Menschen steckende Scheu vor der Verletzung des Sakralen spekuliert. Dies ist nicht der angemessene Weg der Kirche, Menschen in ihren Nöten beizustehen. Sie soll den Menschen in Konflikten nicht allein lassen, aber das heißt nicht, daß sie die Menschen durch den Bau von Sonderkirchen in selbstgewählte Konflikte zu begleiten hätte.

Beispiel einer Sonderkirche am Brennpunkt des Streitgeschehens war die im Herbst 1980 bei Frankfurt auf dem besetzten Baugelände der Startbahn West errichtete „Hüttenkirche". Sie wurde vor dem Höhepunkt der Auseinandersetzungen von Privatleuten als Symbol des Protests gegen die Zerstörung natürlicher Lebensgrundlagen errichtet. Einige Kirchenvorstände übernahmen die Verantwortung für die gottesdienstliche Nutzung. Widmung, Einweihung oder dergleichen gab es nicht, die hessische Kirchenleitung wies vielmehr auf die kritische Rechtslage und die möglichen Konsequenzen hin. Sie akzeptierte die Kirche nicht im Sinne eines kirchlichen Gebäudes. Nach Räumung des Hüttendorfes durch die Polizei wurde die „Hüttenkirche" im November 1980 abgebrochen.[10]

Die Kirchenleitung hat im Juli 1985 vor einer Wiedererrichtung gewarnt und die Widmung einer etwa dennoch wiederzuerrichtenden Kirche ausgeschlossen.

Die Prozession ist den reformatorischen Kirchen fremd geworden. Als Form kirchlicher Begleitung von politischen Aktionen gewinnt sie gegenwärtig neue Aktualität.

Nach katholischem Verständnis gibt es Prozessionen außerhalb des Gottesdienstes in zweierlei Weise: die erste geht von der Neben-

---

10 epd Nr. 11/82

kirche zur Hauptkirche als Sinnbild des menschlichen Schreitens auf Gott hin. Die zweite begleitet Christus, versinnbildlicht durch das Kreuz oder gegenwärtig im Altarsakrament, aus der Verborgenheit des Gotteshauses in die Öffentlichkeit. Friedensprozessionen unterscheiden sich wohl vor allem darin, daß ihr Ziel weniger der Ort des Heils ist als vielmehr der Ort drohenden Unheils.

2.4 Glockenläuten und Beflaggung

Politische Aktionen werden gelegentlich durch Glockenläuten begleitet. Kirchenglocken sollen zu Gottesdienst und Gebet rufen. Sie sind nicht dazu da, politische Aktionen der Öffentlichkeit bekanntzumachen.

Der unkritische Umgang mit Kirchenglocken während der beiden Weltkriege wird heute allgemein mißbilligt. Die damals gemachten Fehler sollten nicht wiederholt werden. Auch wenn manche Gemeindeglieder politische Predigt und politische Aktionen als konkretes christliches Zeugnis qualifizieren und ein damit verbundenes Läuten als Hinweis auf christliches Bekennen für legitim halten, ist Zurückhaltung am Platze.

Glocken läuten für die ganze Gemeinde. Es darf nicht der Anschein entstehen, daß Gruppenmeinungen durch Glockenläuten verstärkt und Andersdenkenden aufgenötigt werden sollen. Konflikte sind im sachlichen Dialog auszutragen und gehören nicht „an die große Glocke“.[11]

Mit Flaggen steht es ähnlich. Die Erregung, die in der Weimarer Zeit Konflikte um das Zeigen von Fahnen auslösten, ist heute schwer nachvollziehbar, Mißbrauch wie im Dritten Reich droht nicht. Sich klarzumachen, daß Kirchenfahnen nicht über Demonstrationen zu wehen haben, ist dennoch nützlich.

3. *Fragen an Kirchenleitungen*

3.1 Leitungsdefizite

Gegenüber politischen Aktionen wirken Kirchenleitungen oft schwankend und unentschlossen, Leitungsdefizite werden spürbar.

[11] Richtl. Baden v. 28. 5. 1985

Leitung geschieht unter den Bedingungen innerweltlicher Rationalität, aber theologisch unter dem Horizont der Eschatologie. Bei ihrer Ausübung stehen Gespräch, Rat, Mahnung, Visitation im Vordergrund. Weniger ausgeprägt ist die Neigung, kraftvoll zu führen, Gespräche auf Entscheidungen hinzulenken, unmißverständlich Ja oder Nein zu sagen, Autorität einzusetzen. Voten sind oft farblos und so weit abgeschliffen, daß sie allen etwas, doch niemandem genug geben und dadurch den Außenseiter erst recht zum Alleingang treiben. Fast jedem Ja folgt das Aber, fast jedes Nein hält den Rückzug offen. In kritischen Lagen gilt handfestes Krisenmanagement beinahe als eine der Kirche nicht gemäße Form, Probleme zu lösen. Zwischen Amtsgewalt und Liebe, Entscheidenmüssen und brüderlichem Gespräch wird eine nur schwer überbrückbare Spannung empfunden.

Eine solche Spannung müssen kirchenleitende Organe, wenn sie mit politischen Aktionen konfrontiert werden, aushalten. Sie dürfen dann nicht einseitig auf das sich Zeit nehmende, wägende Gespräch setzen, sondern müssen auch zur unmittelbar wirkenden Entscheidung bereit sein. Der Wunsch, im Gespräch Lösungen zu finden, darf nicht verleiten, fälligen Entscheidungen auszuweichen. Das Gespräch will, auch und gerade in Zeiten der Spannung, gepflegt, zugleich aber wollen gegebene Vollmachten ausgeschöpft und Führungsqualitäten bewiesen sein.

Gewiß ist das Idealbild des kirchenleitenden Amtsträgers nicht der mit allen Wassern gewaschene Krisenmanager. Seine Aufgaben, Gaben und Charismata liegen nicht in erster Linie in der Fähigkeit, auf die Herausforderung durch politische Aktionen taktisch klug zu reagieren. Das erklärt manche Unsicherheit. Wer allerdings meint, solche Unsicherheit der Kinder Gottes mache zugleich ihre geheime Stärke aus, malt damit doch wohl ein zu freundliches Bild von der Knechtsgestalt der Kirche. Kirchlich erkennbares Handeln manifestiert sich nicht ohne weiteres in Harmlosigkeit und Ungeschick; Liebe ist nicht gleichbedeutend mit Schwäche, sondern kann auch Härte fordern.

Oft erstaunt, in welchem Maß politische Aktionen Gemeindekirchenräte, Landeskirchenämter, Kirchenleitungen und ganze Synoden in Atem halten und die Terminkalender füllen. Fremdbestimmung der Arbeitsplanung durch von außen kommende Ereignisse läßt sich nie ganz vermeiden, aber es fragt sich, ob nicht gelegentlich übertrieben und den Aktionen ein Stellenwert zugemessen wird, der ihnen nicht zukommt.

Im Umgang mit politischen Aktionen fehlt es weithin an Gelassenheit. Nicht jeder Appell, die Kirche dürfe doch gerade hier nicht schweigen, muß aufgegriffen werden. Gutgemeinter Eifer geht leicht zu Lasten von Besonnenheit und erweckt den Eindruck, es gäbe im Augenblick nur dies eine Thema. Eilfertige Beflissenheit, sich mit den politischen Akteuren zu arrangieren, kann unversehens zum „nützlichen Idioten" machen, der als „Transmissionsriemen" benutzt, aber nicht wirklich ernstgenommen wird.

Weit mehr, als man gelegentlich und vor allem in der Erregung des Augenblicks denkt, erledigt sich von selbst. Kirchlicher Handlungszwang entsteht häufig erst dadurch, daß Kirche und kirchliche Mitarbeiter sich stärker als nötig einmischen. Für wirklich aufregende Vorgänge fehlen dann womöglich Zeit und Kraft.

3.2 Gesamtkirchliche Solidarität

Politische Aktionen kommen selten vereinzelt. Meist fügen sie sich bei aller Verschiedenheit in eine Vielzahl ähnlicher Aktionen mit verwandten Methoden, Zielen und Parolen ein. Übergreifende Schwerpunkte und bestimmte Formen des Protests pflegen einige Zeit die Szene zu beherrschen, um dann neuen zu weichen. Allgemeine Trends wirken sich aus und führen mehr oder weniger von selbst zu Übereinstimmungen und Parallelitäten.

Dies sollte gesamtkirchlich solidarisches, aufeinander abgestimmtes Reagieren nahelegen. Doch daran fehlt es. So sind zum Beispiel die Antworten auf Gottesdienststörungen, Kirchenbesetzungen, Inanspruchnahme kirchlicher Räume als Stützpunkte für Aktionen von Gemeinde zu Gemeinde oft diametral verschieden, mit der Folge, daß die Initiatoren sich bereits vorab ausrechnen können, was sie wo durchsetzen können und was nicht.

Unter Berufung auf ihre Unabhängigkeit meinen viele Gemeinden, allein viel besser zu wissen, was zu tun ist; sie brauchen keinen Rat, Erfahrungen anderer betreffen sie nicht, Kirchenleitungen sollen ihnen schon gar nicht hereinreden. Auf der Ebene der Kirchenkreise und Landeskirchen ist es kaum besser. Auch hier hält jeder den eigenen Kirchturm für den höchsten und den eigenen Blick für besonders geschärft. Die zentrifugalen Kräfte nehmen allenthalben zu. Sonderwege machen Schule und werden mit Selbstlob garniert. Die EKD vermag dem für alle Teile schädlichen Durcheinander nicht zu wehren, gesamtkirchliche Solidarität schwindet.

Immer wieder wird vergessen, daß unabgestimmtes Vorgehen einzelner auf das Ganze rückwirkt. Eine Gemeinde, die in exponierter Lage vorprescht, nimmt, ob sie es will oder nicht, die Landeskirche in Pflicht; das Votum einer Landeskirche, die sich bei Konflikten pointiert äußert, wird der EKD im ganzen zugerechnet.

Der Außenstehende kann sich oft gar nicht vorstellen, wie geradezu abenteuerlich groß die Freiheit der Gemeinden, Landeskirchen und auch der einzelnen kirchlichen Mitarbeiter ist. Er wird, wenn man es ihm vernünftig erklärt, einsehen, daß diese Freiheit tief im evangelischen Kirchenverständnis gründet und zugleich Reichtum bedeutet. Aber es ist meist schwer, den Eindruck abzuwehren, Freiheit werde gelegentlich auch gern als Deckung für mangelnde Solidarität genutzt.

3.3 Zeitdruck

Selten werden politische Aktionen mit Kirchenleitungen und betroffenen Gemeinden vorab besprochen. Meistens werden diese vor mehr oder weniger vollendete Tatsachen gestellt.

Wenn bestimmte Parolen bereits ausgegeben sind, Demonstrationszüge sich sammeln, Kirchenbesetzer in die Kirche einsickern und Presse womöglich schon da ist und den Zeit- und Erwartungsdruck noch erhöht, bleibt kaum noch Zeit für Nachdenken und Rückfrage. Dann müssen unter Umständen sofort Entscheidungen fallen, zum Beispiel: wird die Kirchentür geschlossen, erhält eine sich im Gottesdienst zu Wort meldende Gruppe Rederecht, soll einem Demonstrationszug Zutritt auf kirchliches Gelände gewährt werden, ist die Polizei zu verständigen?

Zeitdruck erhöht die Gefahr des Fehlgriffs. Wenn ungeduldige Demonstranten von der Kirche alsbaldige Stellungnahmen oder Aktionen fordern, sollte in der Regel nicht aus dem Stand geantwortet werden, sondern das Gespräch zunächst auf äußere Modalitäten beschränkt bleiben. Enttäuschung der Demonstranten über laues Reagieren der Kirche wiegt weniger schwer als unter Zeitdruck abgegebene Erklärungen, die man später nicht mehr vertreten kann oder die in Zugzwang bringen. Wer sich unter Zeitdruck nötigen läßt, mehr zu sagen oder zu tun, als gut ist, verstrickt sich.

Allerdings können sich Situationen so weit aufladen, daß zur Vermeidung von Unheil alsbald zur Sache geredet werden muß – spontan, ohne Rücksicht auf formale Kompetenz, allein mit Gottvertrauen als Netz. Das aber sind seltene Ausnahmen, Aufgeregtheit allein reicht zur Begründung nicht aus.

3.4 Publizität

Politische Aktionen wollen Öffentlichkeit. Je mehr Presse und Fernsehen, je mehr staatliche und kirchliche Prominenz vorort, desto besser. Kirche wird oft nur deswegen einbezogen, weil die Veranstalter davon mehr Aufsehen erhoffen. Hier muß sie auf der Hut sein. Zwar kann sie zu politischen Aktionen in ihrem jeweiligen Umfeld nicht einfach schweigen, aber gelegentlich redet sie zu oft, zu viel und zu laut. Ihre Instrumente sind nicht in erster Linie öffentliche Erklärung, Interview, Auftritt im Fernsehen. Dies alles ist in Grenzen nötig, wichtiger aber sind das ohne Kamera geführte Gespräch und die behutsame Vermittlung. Daß die Medien „Knüller" suchen, ist ihr gutes Recht, aber die Kirche hat nicht „Knüller" zu liefern, sondern ihre Botschaft zu sagen und in schwieriger Lage in hilfreiches Tun umzusetzen.

Die Situation ist allerdings oft verführerisch. Wer sich plötzlich in den Mittelpunkt eines politisch spannenden Konflikts gerückt sieht und ständig von Reportern umlagert wird, erfährt ein Maß an Publizität, das ihm im Alltag seines Dienstes sonst niemals begegnet. Das tut auch wohl. Wer da anfällig ist, genießt den öffentlichen Auftritt und redet leicht zu viel. Es gibt einen Drang kirchlicher Amtsträger an die Öffentlichkeit, der über harmlose Eitelkeit hinausgeht und leicht vergessen läß, daß öffentliche Rede auch schaden, Absprachen erschweren und diskrete Wege verschütten kann.

Zwischen Publizität und Gewalt besteht ein Zusammenhang. Zunächst mehr oder weniger geringfügige Gewalttätigkeit kann durch zu viel öffentliches Aufsehen angefacht werden. Gewaltfreies Auftreten und mühevolle Überzeugungsarbeit bewirken zwar weniger Interesse als Gewaltakte, die in den Medien groß herauskommen, Gewaltakte haben nun einmal höheren Nachrichtenwert, dennoch sollte die Kirche nicht müde werden, den Bezug zwischen Publizität und Gewalt immer wieder bewußt zu machen.

3.5 Vorbereitung auf krisenhafte Entwicklungen

Politische Aktionen verlangen oft Antworten, die aus den gewohnten Handlungsmustern herausfallen. Je dramatischer die Lage, desto dringlicher muß sich die Kirche auf Überraschungen einstellen und auch ihrerseits zu überraschenden Schritten bereit sein. Das ist nicht programmierbar. Gleichwohl schließt die Nichtplanbarkeit kirchlichen Handelns in schwieriger Lage Erwägungen über vorbeugende Entscheidungshilfen nicht aus.

Zu denken ist an eine zentral zu betreuende systematische Sammlung und Auswertung von Erfahrungen, um im Bedarfsfall bestimmte Erkenntnisse rasch zur Verfügung stellen zu können. Das geschieht bisher nur sporadisch und zufällig.

Zu denken ist ferner an die Erstellung von Listen kompetenter, im Krisenfall rasch erreichbarer Ansprechpartner, und zwar nicht nur innerkirchlich, sondern auch auf der staatlichen Seite, bei Medien und Verbänden. Wer in Bedrängnis ist, sollte nicht erst lange herumtelefonieren müssen, sondern wissen, welche Informationswege ihm über die üblichen Drähte hinaus offen stehen. Rote Telefone sind, verantwortlich genutzt, keine Erfindung des Teufels.

Der Entscheidungshilfe können Krisenstäbe dienen. Die Bildung eines Krisenstabes ad hoc zur Bewältigung einer akuten Konfliktlage mag zur besseren Vorbereitung des Entscheidungsprozesses hilfreich sein.

Nicht so sicher ist dies bei ständigen Krisenstäben. Denn wenn auch einiges dafür spricht, in der Krise alsbald ein eingespieltes Instrument zur Hand zu haben, können doch ständige Krisenstäbe geheimbündlerische Züge annehmen und eine faktische Entscheidungskompetenz gewinnen, die bedenklich wäre. Allein schon ihre Existenz könnte dramatisierend wirken.

Zudem besteht an zusätzlichen kirchlichen Gremien wahrlich kein Mangel. Daher sollte es reichen, wenn auf EKD-Ebene ein bereits vorhandenes, jederzeit zusammenrufbares Gremium die Lage laufend beobachtet, bei sich anbahnenden kritischen Entwicklungen den betroffenen Leitungsorganen schon im Vorfeld Entscheidungshilfen an die Hand gibt und in akuten Krisen zu unterstützender Hilfe bereit ist.

4. *Politische Aktionen und kirchliche Mitarbeiter*

4.1 Faszination

Unter kirchlichen Mitarbeitern herrscht viel Aufgeschlossenheit für politische Aktionen. An Gründen sind zu nennen:

- ausgeprägtes Gefühl für Unrecht,
- Engagement für den nahen und fernen Nächsten, der im Schatten steht, und Wunsch, Sprecher der Sprachlosen zu sein,
- persönliche Betroffenheit,
- Ungeduld über die Zähflüssigkeit politischer Entscheidungsprozesse und Unmut über halbe Lösungen und faule Kompromisse,
- Verlangen nach mehr Partizipation der Bürger,
- Aufbegehren gegen rückwärtsgewandte Nostalgie und borniertes Festschreiben des Status quo,
- Träume von einer heileren Welt.

Zu den Gründen der Aufgeschlossenheit gehören aber auch:

- illusionäre basisdemokratische Vorstellungen,
- undifferenzierte Verteufelung des Bestehenden und progressive Hoffnungslosigkeit,
- Glaube an die Machbarkeit fast aller Dinge bei getrübtem Blick für die realen Chancen,
- hoher ethischer Anspruch ohne Berücksichtigung der Dramatik des „Alten Adam“,
- Freude am Happening bei gleichzeitiger Geringschätzung der auch für kirchliche Mitwirkung geltenden Spielregeln,
- Flucht in die Politik, weil die Predigt ins Leere geht.

Kirchliche Mitarbeiter können wie jeder andere Bürger nach eigener pflichtgemäßer Entscheidung darüber befinden, ob sie sich die Ziele einer Aktion zu eigen machen und durch ihre Teilnahme unterstützen wollen. Sie sind keine politischen Eunuchen, sollen keine falschen Berührungsängste haben und sich nicht in den Elfenbeinturm reiner Innerlichkeit verkriechen. Ihre Mitwirkung an einer politischen Aktion kann persönliches Tatzeugnis sein.

Dennoch ist ihr Recht, sich politisch zu betätigen, begrenzt. Die Maßstäbe sind dabei innerdienstlich und außerdienstlich verschieden. Sie ergeben sich vor allem aus dem Pfarrerdienstrecht. Was dort im Blick auf die Pfarrer gesagt ist, gilt in der Grundtendenz auch für die anderen kirchlichen Mitarbeiter, denn auch ihr Dienstverhältnis legt ihnen besondere Bindungen auf.

4.2 Politische Betätigung im Dienst

Das Pfarrerdienstrecht der VELKD bestimmt in § 51: „Der Pfarrer ist auch bei seiner politischen Betätigung seinem Auftrag verpflichtet; er ist seinen Dienst allen Gemeindegliedern ohne Ansehen ihrer politischen Einstellung schuldig. Er hat die Grenzen zu beachten, die sich hieraus für Art und Maß seines politischen Handelns ergeben". Nach § 34 Pfarrdienstrecht der EKU hat der Pfarrer „bei allen Äußerungen zu Fragen des öffentlichen Lebens und bei politischer Betätigung zu bedenken, daß sein Amt ihn an die ganze Gemeinde weist und mit der gesamten Kirche verbindet und daß im Bewußtsein der Öffentlichkeit Person und Amt untrennbar sind."

Diese und die ihnen im Recht der Gliedkirchen entsprechenden Bestimmungen sind unpräzis. Wie alles Recht können auch sie nur versuchen, aufgrund der Erfahrungen von gestern mit den Worten von heute die Probleme von morgen zu regeln. Nur in der Einsicht in diese Bedingtheit und in ständigem Bemühen um Orientierung am Sinn und Ziel des Pfarramtes lassen sich Lösungen finden; eine Gratwanderung, bei der rechtliche Kriterien weithin versagen, bleibt es immer.

Der Pfarrer soll seine Gemeinde auch in ihrem politischen Umfeld ansprechen und sie bewegende und verunsichernde politische Aktionen nicht einfach, weil unzuständig, übergehen, er muß sich mit der Frage auseinandersetzen, ob Grundfragen menschlichen Lebens berührt sind, in denen von ihm Orientierung verlangt wird. Er muß in alleiniger Bindung an Schrift und Bekenntnis entscheiden, wie er in seiner Predigt politische Inhalte aufarbeitet.

Seine „eigenständige Verantwortung für die Bezeugung der christlichen Wahrheit"[12] schließt auch Verantwortung im politischen Raum ein, setzt aber einer eigenen politischen Betätigung Grenzen und ermächtigt nicht zur Bekundung und Durchsetzung eigener politischer Anschauungen. Der Pfarrer kann das Recht zur Teilnahme an politischen Aktionen grundsätzlich nicht aus dem Predigtamt herleiten.

Der Pfarrer ist kein Einzelkämpfer, sondern sein Auftrag, das Evangelium zu verkündigen, ist Sache der ganzen Gemeinde, in die Verantwortung für die rechte Ausübung des Predigtamtes sind die je-

---

[12] EKD-Denkschrift, S. 47

weiligen Leitungsorgane einbezogen. Der Pfarrer, der sich im Dienst zu politischen Aktionen profiliert äußert und damit nicht nur für sich, sondern für die ganze Gemeinde redet, sollte dies daher erst nach Fühlungnahme mit dem jeweiligen Leitungsorgan tun. Alleingänge widersprechen der kollegialen Leitungsverantwortung in der Kirche. Es gibt allerdings „Grenzfälle, wo ein Amtsträger durch sein an Gottes Wort gebundenes Gewissen dazu gedrängt wird, auch ohne Rückendeckung durch seine Kirche und gegen die in ihr herrschende Ansicht zu handeln. Dafür muß er Rechenschaft ablegen und die Verantwortung übernehmen. Die Kirche aber hat bei ihren Reaktionen die Bedrängnis zu bedenken, die den Amtsträger zum Handeln veranlaßt hat."[13]

4.3 Politische Betätigung außer Dienst

Außerdienstlich ist das Recht des Pfarrers, am politischen Leben teilzunehmen, zu akzeptieren.

Der kirchliche Amtstäger ist nicht „immer im Dienst", an sein außerdienstliches Verhalten sind andere Maßstäbe anzulegen als an die Wahrnehmung seines Amtes. Dennoch bleibt er in und außer Dienst ein und dieselbe Person. Sein außerdienstliches Tun wirkt zurück auf das Amt, kann ihn unglaubwürdig machen und in Verstrikkungen führen. Auch wenn es letztlich nicht an ihm und seinem Verhalten hängt, ob die Gemeinde dem Pfarrer glaubt, sondern an dem, der hinter seinem Auftrag steht und seinem Wort Vollmacht gibt, liegt es doch mit in der Hand des Pfarrers, ob der Auftrag vermeidbar erschwert und belastet wird oder nicht. Der Pfarrer muß daher auch außerdienstlich besondere Bindungen gelten lassen. Auch wenn er nicht Dienst tut, bleibt er seinem Amt verpflichtet und muß er insbesondere sein öffentliches Verhalten an den Pflichten des Amtes ausrichten.

Deswegen braucht er seine politische Meinung nicht zu verbergen, prinzipielle Abstinenz ist ihm nicht zuzumuten. Aber er muß sich, wenn er an politischen Aktionen teilnimmt, politisch so weit freihalten, daß er als Prediger und Seelsorger für alle Gemeindeglieder annehmbar bleibt. Von den Gemeindegliedern ihrerseits kann er erwarten, daß sie ihm eine eigene, möglicherweise abweichende politische Meinung zugestehen.

---

[13] EKD-Denkschrift, S. 47

Ansehen und Möglichkeiten seines Amtes soll der Pfarrer nicht für seine persönlichen politischen Aktivitäten einsetzen; er muß deutlich machen, daß er nicht als Amtsträger demonstriert. Das verbietet ihm vor allem, bei Aktionen den Talar zu tragen. Der Talar ist Funktionskleidung und weist auf den geistlichen Auftrag seines Trägers hin. Der Pfarrer trägt ihn bei Amtshandlungen, sonst nirgends. Seine Dienstbezeichnung gehört nicht in öffentliche Verlautbarungen.

In der politischen Arena kommt es auf die Argumente an, die der einzelne einbringt. Wer durch Herausstellen seiner kirchlichen Funktion die eigenen Argumente zu privilegieren sucht, mißbraucht den Amtsbonus und nimmt unzulässig fremde Autorität in Anspruch.

Der Pfarrer mag bei einer politischen Aktion Dinge sagen, die er auf der Kanzel nicht so oder überhaupt nicht sagen würde. Aber er darf sich nicht in Widerspruch setzen zu dem, was er auf der Kanzel zu verkündigen hat.

Schroffe Töne sind auch dem Pfarrer erlaubt. Im politischen Streit kann auch er auf den groben Klotz den groben Keil setzen, nicht jeder Ausrutscher im Ton ist gleich ein Unglück. Aber es gibt in der öffentlichen Auseinandersetzung menschenverachtende Parolen, Plakate und Karrikaturen, die dem Pfarrer die Mitwirkung an einer Aktion auch dann verbieten, wenn deren Ziele vertretbar sind. Das gute Ziel rechtfertigt keinen miserablen Stil. Von zunächst harmloser Stil- und Geschmacklosigkeit führt eine Linie über Taktlosigkeit letztendlich bis zu Menschenzerstörung. Den Anfängen ist zu wehren. Der Pfarrer muß prüfen, „ob er sich nicht im Einzelfall um seines Verkündigungsauftrages willen zurückzuhalten hat“[14], und im Umgang mit dem politischen Gegner strengere Maßstäbe akzeptieren, als sie nach Verfassung und Strafrecht für jedermann gelten. Verfassung und Strafrecht wollen das ethische Minimum sichern, bei der Teilnahme des Pfarrers an politischen Aktionen reicht das ethische Minimum als Maßlatte nicht aus. Er darf weniger als andere. Unversöhnlichkeit und menschlich verletzendes Agieren während der Aktion machen ihn unglaubwürdig, wenn er sich im Dienst friedfertig gibt.

Überschreitet er die Grenzen dessen, was er als Christ und kirchlicher Amtsträger mittragen darf, kann er sich mitschuldig machen, wenn Kausalketten in Gang gesetzt werden, die sich später schwer

---

[14] EKD-Denkschrift, S. 47

abbrechen lassen. Dann gerät er leicht in die Rolle des Zauberlehrlings, dem erschrockene Distanzierung von den Auswüchsen, mit denen er vorab nicht gerechnet hat, wenig hilft, die auch von ihm gerufenen Geister wieder loszuwerden.

Kirchliche Mitarbeiter verbreiten gern schrapnellartig offene Briefe. Das mögen sie tun, solange sie dadurch keine Dienstpflichten verletzen; es ist ihre Sache, den Nutzen solcher Briefe und das Risiko der Abnutzung durch zu viele Unterschriften unter zu viele Briefe einzuschätzen. Doch sollten die Schreiber offener Briefe sich vorher fragen, ob es nicht richtiger wäre, die dreistufige Verhaltensregel des Matthäus (Kapitel 18,15-17) einzuhalten und das Gespräch zunächst unter vier Augen, dann in Gegenwart von Zeugen und erst danach vor der Gemeinde zu suchen. Das direkte Gespräch, das Sichstellen in Rede und Gegenrede verlangt allerdings unter Umständen mehr Zivilcourage als der auf Akklamation angelegte und in der Vielzahl sich bergende offene Brief.

Kirchliche Leitungsorgane sollten über offene Briefe, wer immer Absender ist, zur Tagesordnung übergehen und ihnen weder durch zornige Reaktionen noch durch freundliche Verständnisanzeige unangemessen Stellenwert verleihen. Wer öffentlich schreibt, hat keinen Anspruch auf persönliche Antwort.

Der große Einfluß, den Pfarrer und erzieherisch tätige Mitarbeiter auf junge Menschen ausüben, verpflichtet zu besonderer Zurückhaltung. Sie sollen jungen Menschen bei der eigenen Meinungsbildung helfen, ihnen Maßstäbe an die Hand geben und sie vor unbesonnenen Schritten bewahren, aber sie sollen nicht außerdienstliches Engagement mit der Ausübung ihrer Dienstpflichten verquicken und die Jugendlichen nicht in Aktionen drängen, die deren Einsicht überfordern.

So war es ein eklatantes Fehlverhalten, als im Februar 1986 in Berlin Mitarbeiter der Kindertagesstätten mit ihnen anvertrauten Kindern im Konsistorium für mehr Personal demonstrierten. Mit Luftballons und Papierschlangen wurde suggestiv auf die Unschuld des Anliegens hingewiesen – mit Kindern als Werbeträgern, die den Sinn von derlei Aktionen auch nicht entfernt begreifen konnten.

Starkes außerdienstliches Engagement kirchlicher Mitarbeiter in politischen Aktionen kann dazu führen, daß die dienstlichen Aufgaben darüber zurückstehen, von anderen miterledigt werden müssen oder ganz liegen bleiben. Das ist Dienstpflichtverletzung. Die Teilnahme an politischen Aktionen befreit nicht von den Pflichten, die man bei der Amtseinführung oder im Dienstvertrag übernommen hat und für deren ordentliche Erledigung man schließlich bezahlt wird. Kirchliche Leitungsorgane sollen nicht kleinlich Pensen bemessen und Minuten zählen, wohl aber Versäumnisse beim Namen nennen, sonst kann am Ende jeder Mitarbeiter selbst bestimmen, ob er seine Aufgaben erfüllen oder statt dessen Dinge treiben will, die er für dringender hält.

Kirchliche Mitarbeiter tun gut daran, dienstliche Tätigkeit und außerdienstliches politisches Agieren säuberlich zu trennen. Aufrufe zur Teilnahme an politischen Aktionen gehören weder in den kirchlichen Schaukasten noch in das Gemeindeblatt noch in den kirchlichen Verteiler oder Kopierer. Kirchliche Frankiermaschinen sind ebensowenig wie kirchliche Telefone dazu da, für irgendwelche Werbung benutzt zu werden. Man sage nicht, Öffnung und Inanspruchnahme des kirchlichen Apparats für solche Gefälligkeiten seien Ausdruck von Hilfsbereitschaft, stünden der Kirche gut an und dürften nicht so eng gesehen werden. Filz beginnt im Kleinen.

4.4 Zuständigkeit

Der Umgang mit politischen Aktionen wird häufig durch unklare Zuständigkeiten erschwert. Kirchliche Grundordnungen, Gesetze und Geschäftsverteilungspläne regeln die Kompetenzen selten besonders deutlich. Überall gibt es Doppel-, Mehrfach- und konkurrierende Zuständigkeiten, auf vielen Ebenen wird das Gleiche betrieben, jede kirchliche Körperschaft beginnt bei Adam und Eva, will das Rad noch einmal erfinden und sämtliche Fehler selbst machen.

Klare Zuständigkeiten stärken die Verantwortung, denn sie legen fest, wer für was einzustehen hat. Zuständigkeiten markieren allerdings keine absolute Grenze. Wer bei unabweisbarem Handlungsbedarf im kritischen Augenblick nicht zu handeln wagt, weil der Zuständige – Gemeinde- oder Kreiskirchenrat, der Kollege im Landeskirchenamt, die Kirchenleitung oder wer immer – gerade nicht greifbar ist, sollte sich nicht hinter mangelnder Zuständigkeit verschanzen. Klare Zuständigkeiten und der Mut, notfalls souverän über sie hinwegzugehen, gehören zusammen. In beiden Richtungen herrscht Fehlbedarf.

Zur Unschärfe der Zuständigkeiten kommt mangelnder Sinn vieler Mitarbeiter für die Notwendigkeit, Kompetenzen zu wahren. Bei politischen Aktionen wollen manchmal viele mitreden. Wir erleben, daß bei Kirchenbesetzungen und anderen spektakulären Vorgängen Pfarrer und Mitarbeiter anderer Gemeinden sich ungefragt einmischen und ihre womöglich entgegengesetzte Position lautstark vertreten. Solidarität weicht kollegialer Einschüchterung. Unzuständigkeit wird durch den Hinweis auf höherrangige Pflichten kompensiert. Pfarrer machen dann obendrein gern geltend, sie seien pro ecclesia und nicht pro loco ordiniert, die Ordination gelte also für die gesamte Kirche. Sie wollen nicht wahrhaben, daß der Pfarrer nicht amtieren und predigen darf, wo er will.

Der Pfarrer ist in dem ihm zugewiesenen Bereich berechtigt und verpflichtet, seine Aufgaben als Pfarrer zu erfüllen, aber er ist um des Friedens in der Kirche willen nicht berechtigt, im Zuständigkeitsbereich eines anderen Pfarrers ohne dessen Zustimmung pastoral tätig zu werden. Das Gemeindeglied hat die Freiheit, sich seinen Pfarrer selbst zu suchen, der Pfarrer hat nicht die Freiheit, sein Aktionsfeld selbst zu bestimmen.

Geringschätzung der Zuständigkeit führt, wo von der Kirche Deutlichkeit erwartet wird, zu undeutlichem Vielzungenreden, die Zahl der berufenen und unberufenen Sprecher wird unübersehbar, die wirklich Verantwortlichen sind schwer auszumachen.

Gewiß kann die Kirche nicht wie ein monolithischer Block in Erscheinung treten und Kompetenzen nach reiner Sachlogik lupenrein ordnen. Das aber erklärt und rechtfertigt die Widersprüchlichkeit und Vielstimmigkeit ihres Auftretens nur teilweise, und es ist begreiflich, wenn Außenstehende verständnislos fragen, was denn nun eigentlich in der Kirche gilt und wer für sie spricht.

Kirchenleitungen müssen, wollen sie nicht gegenüber politischen Aktionen hilflos wirken, den Sinn für Ordnungen stärken.

4.5 Aktionen während der Dienstzeit

Vor allem während der Nachrüstungsdebatte im Herbst 1983 kam es oft während der Dienstzeit zu Aktionen kirchlicher Mitarbeiter. Es gab Mitarbeiterversammlungen zu bestimmten politischen Themen, „Aktionstage“, Plakat- und Unterschriftenaktionen. Dies war unzulässig.

Mitarbeitervertretungen werden aufgrund der Mitarbeitervertretungsgesetze tätig und haben fest umrissene Aufgaben, es ist nicht ihre Sache, Mitarbeiterversammlungen einzuberufen, um dort zum Beispiel die allgemeinen Probleme der Friedenssicherung oder den

Umgang mit Asylanten zu erörtern und entsprechende Resolutionen zu verabschieden.

„Aktionstage“ sind keine dienstliche Veranstaltung, sondern freie Aktion ihrer Veranstalter. Sie gehen den dienstlichen Obliegenheiten nicht vor, dienstliche Räume sind nicht der geeignete Ort. Werden politische Aktionen in den dienstlichen Bereich hereingetragen, führt dies notwendig zu abwehrenden Reaktionen Andersdenkender, das Arbeitsklima wird nachhaltig belastet.

Ebenso unangebracht ist es, wenn Mitarbeiter in ihren dienstlichen Gebäuden oder Räumen die eigene politische Haltung demonstrativ durch Plakate, Transparente oder ähnliches zur Geltung bringen. Unbeschadet des Aktionszieles kann nicht einzelnen Mitarbeitern oder Mitarbeitergruppen zugestanden werden, daß sie sich, Andersdenkende vereinnahmend, zum Sprecher in Richtung Öffentlichkeit aufwerfen.

Ähnlich liegen die Dinge bei Unterschriftenaktionen während des Dienstes. Durch sie entsteht Druck auf diejenigen Mitarbeiter, die sich gegen ihren Willen gedrängt sehen, zu einer politischen Frage öffentlich zu votieren, und obendrein damit rechnen müssen, daß auch ein etwaiges Nichtunterschreiben als Votum zur Sache ausgelegt wird.

4.6 Anzeigepflicht

Pfarrer brauchen ihre Teilnahme an politischen Aktionen nicht vorher anzuzeigen oder gar genehmigen zu lassen. Wohl aber sind sie gehalten, die jeweiligen Leitungsorgane dann zu unterrichten, wenn die Aktion, an der sie mitwirken wollen, darauf angelegt ist, die Kirche hereinzuziehen, wenn also zum Beispiel öffentlich an die Kirche appelliert werden soll, sich zu den konkreten Zielen der Aktion zu bekennen, wenn prominente kirchliche Mitarbeiter als solche stark herausgestellt werden oder nach außen der Eindruck erweckt wird, es handele sich um eine kirchliche Veranstaltung. Die Kirche in solchen Fällen vor vollendete Tatsachen zu stellen, ist illoyal. Im Vorfeld lassen sich Unstimmigkeiten und Mißverständnisse leichter ausräumen als später, wenn sich die Vorstellungen verfestigt haben und niemand gern noch Abstriche oder Korrekturen am Programm hinnimmt.

Es gibt den Einwand, eine vorherige Mitteilung könne den mitreißenden Schritt nach vorn hemmen, zu frühe Kenntnisnahme seitens der „Amtskirche" nähme den Mitarbeitern den Elan und der ganzen Aktion den Schwung. Derartige Sorgen mag es geben, sie sind aber kein Ausweis von Mut, einen Bruch der Loyalitätspflicht rechtfertigen sie nicht.

4.7 Pflichtenkollision

Werden kirchliche Mitarbeiter auf die besonderen Pflichten und Bindungen angesprochen, die der Dienst ihnen auferlegt, berufen sie sich gern auf die Grundrechte, die das Dienstrecht weder einschränken dürfe noch könne. Die Behauptung, das Dienstrecht verkürze die staatsbürgerlichen Rechte, geht jedoch fehl. Ebenso wie Staatsbeamte bestimmte Einschränkungen hinzunehmen haben, die sich aus der besonderen Ausformung des Beamtenverhältnisses ergeben, müssen sich kirchliche Mitarbeiter inpflichtnehmen lassen, denn bei kirchlichen Dienstverhältnissen wirkt sich der Auftrag der Kirche auf die Rechte und Pflichten der Mitarbeiter voll aus. Die im Wesen der Kirche begründete und vom Staat garantierte Autonomie der Kirche rechtfertigt und verlangt eine besondere individualrechtliche Verpflichtung ihrer beruflichen Mitarbeiter. Das Bundesverfassungsgericht hat das Leitbild einer christlichen Dienstgemeinschaft zu einem zentralen Rechtsbegriff des Arbeitsrechts gemacht und damit ausdrücklich den Kirchen die Befugnis zugestanden, in den Schranken des für alle geltenden Rechts den kirchlichen Dienst nach ihrem Selbstverständnis verbindlich zu bestimmen.[15]

Kirchliche Mitarbeiter, die sich an den Bindungen ihres Amtes wundreiben und sich durch Rollenkonflikte überfordert fühlen, müssen sich fragen, ob sie für das Amt weiter geeignet sind. Kommen sie nicht von selbst auf diese Frage, sollte sie ihnen gestellt werden.

4.8 Dienstaufsicht und Amtszucht

„Amtszucht ist die rechtlich geordnete Reaktion der Kirche auf Pflichtverletzung ihrer Amtsträger."[16] Die Neigung, grenzüberschreitender Mitwirkung kirchlicher Mitarbeiter bei politischen Aktionen und politischer Verfremdung von Gottesdiensten mit straffer

---

[15] NJW 1986, S. 367ff, dazu Besprechung Rüthers, a. a. O., S. 356ff

[16] Amtszuchtgesetz der VELKD

Dienstaufsicht und disziplinarer Ahndung zu begegnen, ist in allen Gliedkirchen gering. Selbst die zur Feststellung des Sachverhalts notwendigen Ermittlungen werden äußerst selten eingeleitet.

Kritisch kann man bei dieser in der Öffentlichkeit vielfach getadelten Zurückhaltung von falsch verstandener „Liebesreaktion" und Führungsschwäche sprechen, die auf eine unter kirchlichen Mitarbeitern verbreitete Erwartung treffen, bei Fehlverhalten werde kirchenleitende Milde alle Dinge zum Besten kehren und sie letztendlich von jeder Haftung freistellen. Die Gründe, mit denen der Verzicht auf ein Einschreiten begründet wird, halten einer kritischen Prüfung manchmal nicht stand. Weise Beschränkung und Indolenz liegen nicht weit auseinander.

Andererseits ist zuzugeben, daß straff ausgeübte Dienstaufsicht und Disziplinarmaßnahmen nicht immer hilfreich sind. Machtworte überzeugen oft nur wenig und treiben in eine Grundsatzopposition, Verweise werden zum Glorienschein. Überzeugender Rat und dringende Warnung, vorbildhaft anderes Verhalten der leitenden Amtsträger und hilfreiche Orientierung der irritierten Gemeinde können mehr und nachhaltiger wirken als Verbot und Rüge.

Behutsamkeit im Ausschöpfen rechtlicher Möglichkeiten ist vor allem geboten, wo die Ordinationsverpflichtung des Pfarrers berührt wird. In Gorleben wurde Pfingsten 1980 einem Pfarrer die Predigt an der Bohrstelle untersagt. Diese Entscheidung wurde damals von den Verantwortlichen als „die weniger falsche" begriffen. Im Rückblick meinen sie, es hätte wohl eine bessere Möglichkeit gegeben.[17]

Ein Amtszuchtverfahren, das die Nordelbische Kirche gegen Pfarrer wegen Teilnahme an einer Kirchenbesetzung einleitete und das im Januar 1980 mit einem von der Kammer für Amtszucht bestätigten Verweis endete, war eine Ausnahme, der Ertrag des Verfahrens gering.[18]

Die Pfarrer hatten die Teilnahme mit dem Hinweis erläutert, sie sei unabweisbar nötig gewesen für ihren Widerstand gegen die Atomenergie, außerdem hätten sie es für ihre Pflicht gehalten, Solidarität mit den Besetzern zu üben, sie seelsorgerlich und diakonisch zu betreuen und ihnen in ihrer Angst das Evangelium zu predigen.

---

[17] Meyer, Der Konflikt um Gorleben, in: Knuth (Hg.), Theologie und Kirche in Gesellschaft und Politik, München 1983, S. 9ff (15)

[18] Beschluß v. 17.1.1980, ZevKR 1981, S. 188ff mit Anm. von Blaschke, S. 192ff

Die Kammer hat die Amtspflichtverletzung mit formalen Erwägungen begründet, ist nicht, was eigentlich zu erwarten gewesen wäre, auf die Treuepflicht der Pfarrer gegenüber ihrer Kirche eingegangen und hat nicht geprüft, was „Inpflichtnahme und Verleihung des Rechts zur öffentlichen Wortverkündigung" für dieses Treueverhältnis bedeuten. Vor allem aber schweigt die Kammer zu der zentralen Frage nach den Grenzen politischer Betätigung und aktiver Mitwirkung bei politischen Aktionen. Das Verfahren ermutigt nicht, auf dem Wege über Amtszuchtverfahren weitere Klärung zu suchen.

4.9 Schadensersatzansprüche gegen Mitarbeiter

Für Schäden, die ihr bei politischen Aktionen entstanden sind, kann die Kirche wie jeder andere Geschädigte nach den allgemeinen Rechtsgrundlagen auch von den eigenen Mitarbeitern Schadensersatz fordern. Dazu ist es jedoch, soweit ersichtlich, bisher nirgends gekommen. Lediglich 1980 und 1983 hat die Nordelbische Kirche versucht, Pfarrer und Kirchenbeamte gesamtschuldnerisch für Schäden in einer besetzten Kirche und an einem kirchlichen Dienstgebäude haftbar zu machen. Dabei wurde zunächst der Gedanke verfolgt, auch den finanziellen Schaden zu berücksichtigen, der durch aktionsbedingte Kirchenaustritte verursacht war. Das hat zu heftigen Protesten geführt, und man kann in der Tat streiten, ob es klug war, so zu verfahren. Die Kritik geht aber zu weit, wenn sie die Haftung kirchlicher Mitarbeiter für von ihnen verursachte oder maßgeblich mitverursachte Schäden generell als unangemessen ablehnt. Es geht nicht an, derartige Schäden mehr oder weniger selbstverständlich dem Kirchensteuerzahler anzulasten. Wo, wie im vorliegenden Fall, pflichtwidriges Verhalten der Mitarbeiter festgestellt wird, verbietet die sachgerechte Verwaltung kirchlichen Vermögens, Schadensersatzansprüche prinzipiell auf sich beruhen zu lassen. Schadensersatzforderungen sind in der Kirche zwar unüblich, dürfen aber nicht tabu sein. Wer sie pflichtgemäß geltend macht, sollte nicht als unbrüderlich gescholten werden. Laxe Auffassung in finanziellen Dingen sollte, auch theologisch verpackt, kein kirchliches Markenzeichen sein.

5. *Kirche zwischen politischer Aktion und Verfassung*

5.1 Partnerschaft

Die Unsicherheit, mit der die Kirche politischen Aktionen vielfach begegnet, wurzelt auch in ihrem merkwürdig gebrochenen Verhältnis zum Staat.

Nach der Trennung vom Staat hat die Kirche den eigenen Standort noch nicht wirklich gefunden. Die vielberufene Partnerschaft zum Staat setzt Eigenständigkeit beider Partner voraus. Diese Eigenständigkeit ist auf Seiten der Kirche nicht durch lange Erfahrung und eigenen Einsatz bewährt und geprägt. Nachdem sie Jahrhunderte hindurch ihre Ordnung und Organisation dem Staat überlassen hatte, löste sie sich nur zögernd aus Summepiskopat und Staatskirchentum und dies bemerkenswerterweise nicht aufgrund eigener Einsicht und eigenen Wollens. Triebkraft waren säkulare Bewegungen, denen die Kirche mißtrauisch begegnete. Theologisch kam die Lösung vom Staat und vom lutherischen Denken in den Kategorien von Obrigkeit und Untertan erst 1934 mit der Barmer Erklärung zum Abschluß.

Nach dem Zweiten Weltkrieg legten die im Staat Verantwortlichen beim Neuaufbau auf Begleitung und Hilfe durch die Kirche mit gutem Grund Wert. Daraus wurde ein „Miteinander, das von gegenseitigem Respekt geprägt war und in dem die Kirche durch ihre Beiträge zur Entwicklung einer freiheitlichen demokratischen Rechtsordnung überwiegend Zufriedenheit im staatlichen und politischen Bereich fand."[19]

In diese Gundstimmung mischen sich aber seit den 70er Jahren neue Töne. Partnerschaft ist zugleich Konfliktfeld. Sie ist nicht am Ende, aber sie ist schwieriger geworden.

5.2 Demokratisches Bewußtsein und Begleitung des Staates

Politische Aktionen fordern nicht nur den Staat heraus, sondern bedeuten zugleich eine Anfrage an die Demokratiefähigkeit der Kirche und ihr Verständnis vom Recht. Sie werden damit zum Prüfstein der Partnerschaft.

---

[19] Schmude, Ist die Partnerschaft am Ende? epd-Dokumentation 8/85, S. 10

Demokratisches Bewußtsein ist in der Kirche kein gesichertes Gut. Wir beobachten eine streckenweise bedrohliche Entfremdung von den Grundlagen und der Würde der freiheitlichen Ordnung. Auf diesem Hintergrund begründet die Denkschrift der EKD „die Zustimmung evangelischer Christen zur demokratischen Staatsform des Grundgesetzes“.[20]

Verbreitete, geradezu traumatische Staatsskepsis mag nach starken Identifizierungstendenzen im Kaiserreich, nach mangelnder Akzeptanz in der Weimarer Republik, die den Vorstellungen der überwiegend konservativ-nationalen Pfarrerschaft nicht entsprach, und nach den von Schuld und Verhängnis bestimmten Erfahrungen im Dritten Reich begreiflich sein, hilfreich ist sie nicht. Schlimm wäre es, sollte sich durch Mitschuld der Kirche vor dem Horizont der Geschichte auch die gegenwärtige Phase als gescheiterter Versuch erweisen, eine dauerhafte freiheitliche Ordnung zu schaffen.

Nun soll die Kirche kritischem Protest nicht dadurch begegnen, daß sie unser Verfassungssystem preist und seiner unveränderten Beibehaltung das Wort redet. Die Kirche geht in keiner Staats- und Rechtsordnung auf; wenn sie Verfassungen verherrlicht, ist sie auf dem Irrweg. Die Verfassung braucht und verträgt keine religiöse Weihe, aber sie verdient und verträgt auch keine Beleidigung.

Die Demokratie ist keine „christliche Staatsform“. Dennoch ist die positive Beziehung des Christen zum demokratischen Staat des Grundgesetzes mehr als nur äußerlicher Natur. Sie hat zu tun mit den theologischen und ethischen Überzeugungen des christlichen Glaubens. „Der Grundgedanke vom freiheitlichen Staat weist eine besondere Nähe zum christlichen Menschenbild auf.“[21] Christen sollten bei denen, die durch politische Aktionen gegen diesen Staat und seine Ordnung aufbegehren, für die Einsicht werben, daß bei aller Unzulänglichkeit und Kritikwürdigkeit nur eine demokratisch verfaßte, freiheitliche Ordnung die Chance hat, Freiheit und Menschenwürde zu sichern, daß nur sie Willkür und Machtmißbrauch durch Recht zügeln kann.

Wo in systemverändernden Aktionen das Heil gesucht wird, sollten Christen daran erinnern, daß die Abkehr vieler Bürger von diesem Staat nicht dem besseren Staat ihrer Träume den Weg bereitet.

---

[20] EKD-Denkschrift, S. 11
[21] EKD-Denkschrift, S. 14

Ein Volk, das den ordnenden Staat nicht will, begibt sich auf den Weg in die Despotie. Das hat Weimar gezeigt. Alternative zum Staat des Grundgesetzes ist nicht der vollkommene, sondern der totale Staat. Wer ihn verhindern will, muß pfleglich mit der Verfassung des Grundgesetzes umgehen. Auch die Kirche muß die Institutionen des Rechtsstaates schützen und das Verständnis für die friedensstiftende Funktion des Rechtes stärken.

Noch vor kurzem hat sie selbst am eigenen Leibe Rechtsnot erfahren. Sie ist gut beraten, wenn sie verbreiteter Rechtsfremdheit in den eigenen Reihen entgegenhält, daß Rechtsgemeinschaft lebensnotwendig ist und daß Rechtslosigkeit unbehaust macht.

Die Kirche hat sich nicht staatliche Aufgaben anzumaßen, herrscht nicht und übt nicht durch politische Weisung Macht aus, verfügt über keinen Zugang besonderer Qualität zur Lösung der brennenden Fragen der Zeit. Allzu unbekümmertes Mit- und Nachreden im Chor der vielen politischen und gesellschaftlichen Kräfte tut nicht gut, nicht jedes Drängen politischer Aktionen muß sie aufgreifen.

Wohl aber ist es Sache der Kirche, den Staat in solidarischer Partnerschaft zu begleiten. Begleiten schließt Rat, Mahnung, Warnung, dringendes Fragen und nicht zuletzt als „elementarsten und wichtigsten Akt christlicher Verantwortung für den Staat“[22] Fürbitte ein. Die den Staat begleitende Kirche gibt „menschlicher Verantwortung ein geistliches Fundament“,[23] bringt zur Geltung, wo Bedingungen für menschliche und bessere Politik vernachlässigt werden, und trägt dadurch zum Gewissensernst bei, ohne den Politik leichtfertig wird.

5.3 Gehorsam gegenüber den Gesetzen

Nicht die Kirche setzt Recht, sondern der Staat. Was rechtens ist und was nicht, bestimmen die Gesetze und entscheiden die Gerichte. Die Kirche ist keine schiedsrichterliche Oberinstanz. Nicht ihr autonomes Ordnen und Verwalten, wohl aber ihr in die Welt hineinwirkendes Handeln findet am staatlichen Gesetz eine Schranke.

---

[22] Jüngel, EKD-Synode 1985
[23] EKD-Denkschrift, S. 45

„Sich an Regeln zu halten, ist für den Christen innerhalb und außerhalb der Kirche eine Form der Nächstenliebe."[24] Der Christ schuldet als Staatsbürger den Gesetzen Gehorsam.

Der Staat steht und fällt mit der Achtung dieser Gesetze. Er muß diesen Gehorsam einfordern und gäbe sich als gute Anordnung Gottes selbst auf, wollte er seinen Bürgern erlauben, das Maß ihrer Loyalität selbst zu bestimmen. Es gibt keine Privilegien geringerer Bindung an die Gesetze.

Auch das Gebot, Gott mehr zu gehorchen als den Menschen, relativiert nicht den staatsbürgerlichen Gehorsam. Gewiß muß der Mensch Gott mehr gehorchen als den Menschen. Doch ist daraus nicht trennend zu folgern, wir seien erstens dem Evangelium verpflichtet und zweitens als Bürger in Anspruch genommen. Der unbedingte Gehorsam gegenüber Gott schließt die Wahrnehmung der christlich begründeten Verantwortung als Staatsbürger ein. Jesu Forderung, dem Kaiser zu geben, was des Kaisers ist, und Gott, was Gottes ist, setzt nicht ein erstes und ein zweites, sondern: wer Gott das Seine gibt, gibt eben deshalb auch dem Kaiser das Seine. Die gleichzeitige Gültigkeit beider Gebote, die Loyalität gegenüber dem Staat und die Pflicht, Gott mehr zu gehorchen, endet erst und nur im unlösbaren Konflikt. Dann muß entschieden werden, dann geht der Gehorsam gegenüber Gott der Staatsbürgerpflicht vor, müssen Konsequenzen gezogen und ertragen werden. Aber der mögliche Konflikt kann nicht die Loyalitätspflicht als solche einschränken. Wo das gefordert wird, dringt ein schwärmerisches Moment in das Christliche ein.

Die Kirche tut gut daran, die Gebote, Gott und dem Kaiser je das Seine zu geben, nicht auseinanderzurücken, und der Staat tut gut daran, Konflikten zwischen beiden Geboten durch seine Ordnungen vorzubeugen, indem er die Konfliktgrenze weitmöglich herausschiebt.

Teilnehmer an politischen Aktionen können bei Rechtsverletzungen von der Kirche keine Rechtfertigung ihres Tuns verlangen. Die Kirche soll dem das Recht verletzenden Protesttäter seelsorgerlich beistehen und sich auch dann nicht von ihm abwenden, wenn sie seinen Weg für falsch hält. Sie soll der staatlichen Mißbilligung nicht auch noch ein kirchliches Verdammungsurteil anfügen. Aber sie kann dem Rechtsbrecher nicht die Verantwortung für sein Tun ab-

---

24 EKD-Denkschrift, S. 24

nehmen und ihm außer seelsorgerlichem Beistand rechtliche Legitimation und religiöse Weihe bieten. Sie darf dies „weder ausdrücklich tun noch ihre Äußerungen so verschwommen fassen, daß findige Interpreten mit einiger Mühe doch noch ein Stück Rechtfertigung daraus herleiten."[25]

Protest, der sich zum Rechtsbruch entschließt, verlangt Bereitschaft, die Folgen zu tragen und Leiden auf sich zu nehmen. Diese Folgen darf die Kirche nicht ermäßigen, indem sie sich als Schutzschild nicht leidensbereiter Protesttäter mißbrauchen läßt und dafür eintritt, daß diese nur beschränkt haften. Parteiliche Zuwendung zum Rechtsbrecher ist nicht Aufgabe der Kirche. Der an den Mängeln des Rechts ebenfalls leidende und dennoch gesetzestreue Bürger bedarf ihrer Zuwendung nicht minder.

---

[25] Schmude, a. a. O., S. 20

B. Politische Aktion und Recht

6. *Verfassungsauftrag und Grundkonsens*

Die Verfassung bestimmt als rechtliche Grundordnung des Gemeinwesens die Leitprinzipien, die zu politischer Einheit führen und nach denen staatliche Aufgaben wahrgenommen werden sollen. Sie ordnet die für die Gemeinschaft wesentlichen Lebensbereiche zusammen und benennt damit auch die Rahmenbedingungen für politische Aktionen.

Die Verfassung der Bundesrepublik ist eine wertgebundene Ordnung, Schutz von Freiheit und Menschenwürde ist oberster Zweck allen Rechts. Das Grundgesetz bietet keine geschlossene Staatsidee, erfüllt aber eine grundlegende soziale Funktion, das die unterschiedlichen Wertvorstellungen, die in der Gesellschaft wirken und konkurrieren, zusammenführt und zusammenhält. Konflikte, wie sie in politischen Aktionen augenfälligen Ausdruck finden, werden nicht übersehen oder verharmlost, sondern als Gegebenheit hingenommen. Im Konflikt den Versöhnungsprozeß einzuleiten und immer wieder zu ermöglichen und den Rechtsfrieden zu wahren, ist eine der wichtigsten Aufgaben.

Das Grundgesetz kann sich nur auf seine eigenen Kräfte und Garantien stützen. Dem trägt es Rechnung, indem es durch Teilung und Zusammenspiel der staatlichen Gewalten die Einhaltung des von ihr gesetzten Rechts immanent zu bewirken sucht. Dieses immanente Gleichgewicht bleibt immer prekär. Letztlich kommt es darauf an, daß alle staatlichen Organe sich freiwillig den Bindungen unterwerfen und ihre Verantwortung für den Bestand der Verfassung akzeptieren.

Auch das kunstvollste Verfassungssystem scheitert über kurz oder lang, wenn es nicht vom demokratischen Konsens der Bürger und einer Ethik der Rechtsbefolgung getragen wird, die Regierende und Regierte bindet. Gesetzesliebe ist nach Montesquieu eine Bürgertugend, ohne die ein Staat der Bürger nicht bestehen kann.

Der demokratische Grundkonsens ist bei uns nicht Resultat eines geschichtlichen Emanzipationsprozesses. Eine wirkliche Leidenschaft zur Demokratie hat es kaum je gegeben. Die werbende Kraft des demokratischen Gedankens war stets gering. In Deutschland vor 1914 dachte man noch kaum in demokratischen Kategorien, die Entfeudalisierung des Obrigkeitsstaates galt als erstrebenswert, aber der Volksstaat war noch kein echtes Ziel. Der demokratische Staat von Weimar war nicht Ausdruck einer innenpolitischen Kraftanstrengung, sondern Notlösung und taktischer Ausweg. Die improvisierte Umschaltung vom herrschaftlichen zum genossenschaftlichen Staat wurde von der Bevölkerung in Gemüt und Geist nicht aufgenommen, man sehnte sich zurück nach dem traditionellen Obrigkeits- und Verwaltungsstaat.

Der Neuanfang nach dem Zweiten Weltkrieg erwuchs erst recht nicht aus eigener Kraft, sondern war Folge der totalen Niederlage, Freiheit kam von außen. Dennoch waren die Bedingungen, unter denen die Bundesrepublik entstand, günstiger als diejenigen der Weimarer Republik. Der Widerstand gegen die erneuerte Republik blieb gering, eine Fundamentalopposition von rechts und links, wie sie Weimar erschütterte und zerstörte, erleben wir heute nicht. Nach einer Folge von Katastrophen, die die Angst und Hoffnung der Zeitgenossen bestimmten, bewies das Grundgesetz bewußtseins- und konsensbildende Kraft, es prägte die geistige, politische, wirtschaftliche und soziale Entwicklung. Das Grundgesetz wollte kein Verfassung sein, wurde aber zur ersten wirklichen Verfassung in Deutschland. Dolf Sternberger hat den Begriff „Verfassungspatriotismus" geprägt, der an die Stelle diskreditierter nationaler, territorialer oder gar mythisch-mystischer Einheit getreten ist.

Die Fundamente stehen, aber die Besorgnisse mehren sich. Eindrucksvolle Beschwörungen des Grundkonsenses offenbaren seinen Wirklichkeitsverlust, die prägenden Ideen haben ihre Schubkraft verloren. Eine neue Generation, die nicht mehr mit den Eindrücken, die den Grundkonsens haben entstehen lassen, aufgewachsen ist und in deren Erfahrungshorizont die Zerbrechlichkeit einer freiheitlichen Ordnung nicht mehr so deutlich ist, meint, die Sorgen der Eltern hinter sich lassen zu können. Die Eltern tun sich schwer, den Sorgen der Kinder gerecht zu werden. Ein langsamer, aber stetiger Legitimationsschwund verkürzt den freiheitlichen Gehalt der Verfassung.

Wer angesichts des bedrohten Grundkonsenses das Grundgesetz nur als Gewährleistung des Status quo versteht und den Attacken nur die Norm entgegenzusetzen weiß, treibt die Erosion weiter voran. Wandel der Wertvorstellungen ist ein, wenn auch schmerzhafter, so doch normaler Vorgang. Die statische Auffassung von der Verfassung als einem geschlossenen Haus mit zeitloser systematischer Stimmigkeit blockiert notwendige Reformen. Der demokratische Grundkonsens muß als dynamischer Prozeß schritthalten mit dem Wandel. Politische Aktionen testen, wie weit er dies vermag.

7. *Grundrechte*

Grundkonsens setzt Grundrechte voraus. „Die Grundrechte sind das wichtigste und für den demokratischen Rechtsstaat spezifische Verfassungselement."[26] Das Recht, politische Aktionen zu unternehmen, folgt, obwohl das Grundgesetz die politische Aktion und ihre häufigste Erscheinungsform, die Demonstration, nicht ausdrücklich nennt, aus den Grundrechten der freien Meinungsäußerung, Art. 5 und der Versammlungsfreiheit, Art. 8. Beide Artikel setzen die in den vorhergehenden Artikeln 1 bis 4 bezeichneten demokratischen Grundwerte voraus. Über sie ist zunächst zu reden.

7.1 Menschenwürde – Art. 1 –

Das Grundgesetz bekennt sich in Art. 1 Abs. 1 zum sittlichen Wert der Menschenwürde. Dies ist die oberste normative Aussage des objektiven Verfassungsrechts und zugleich gedankliche Quelle aller Grundrechte. Die Menschenwürde ist vorgegeben und soll rechtlich verwirklicht werden.

„Der Gedanke der Menschenwürde ist inhaltlich eine Konsequenz der biblischen Lehre von der Gottesebenbildlichkeit des Menschen als Geschöpf Gottes (Genesis 1, 27)."[27] Das Menschenbild des Grundgesetzes ist vom christlichen Glauben geprägt. Das Gebot der Bergpredigt, den Nächsten zu lieben und der Gewalt abzusagen, findet Ausdruck, indem das Grundgesetz die überindividuelle Norm artikuliert, die den christlichen Akt freier Zuwendung zum Nächsten verläßlich regelt. „Die Würde des Menschen als Gabe Gottes ist der Maßstab, den die politische und gesellschaftliche Gestaltung des

---

[26] EKD-Denkschrift, S. 26
[27] EKD-Denkschrift, S. 13

Gemeinwesens zu achten hat und dem sie nach menschlicher Einsicht gerecht werden muß."[28]

Das Grundgesetz sieht den Menschen nicht als isoliertes souveränes Individuum, sondern gibt der Gemeinschaftsbezogenheit und Gemeinschaftsgebundenheit entschieden Vorrang. Es bewegt sich damit auf einer mittleren Linie zwischen Individualismus und Kollektivismus. Die Sozialbindung des Menschen wird mit seiner Einmaligkeit und Unwiederholbarkeit verknüpft.

Politische Aktionen müssen sich am Menschenbild des Grundgesetzes messen lassen. Treten sie auf der Grundlage des demokratischen Konsenses für mehr Menschenwürde ein, verdienen sie Respekt, verfolgen sie ihre Ziele menschenverachtend, werden sie zur Gefahr.

7.2 Handlungsfreiheit - Art. 2 -

Aus der Menschenwürde folgt die in Art. 2 Abs. 1 gewährleistete generelle Handlungsfreiheit. Diese Freiheit ist jedoch durch die Sozialbindungen des Bürgers beschränkt, denn die staatliche Gemeinschaft muß, wenn sie bestehen will, dem Bürger ein Mindestmaß sozialen Verhaltens abverlangen. Darauf beruht die sogenannte Schrankentrias des Art. 2:

a) Die Rechte anderer. Alles Recht beruht auf Gegenseitigkeit, jedermann darf seine Freiheit nur gebrauchen, soweit er dadurch nicht die Freiheit des anderen zu deren gleichem Gebrauch beeinträchtigt. Rechte anderer meint allerdings nicht jedes beliebige Interesse des Mitmenschen, sondern nur die nach der Gesamtentscheidung des Grundgesetzes schutzwürdigen Interessen, so vor allem das Recht auf Leben, Unversehrtheit, Ehre.
b) Verfassungsmäßige Ordnung. Das Grundgesetz setzt die Bereitschaft voraus, Freiheitsbeschränkungen durch Gesetze hinzunehmen, mit denen der Staat seinen Sozialauftrag erfüllt. Die Grundrechtsausübung ist unzulässig, wenn sie zu einer Störung oder Gefährdung der für ein gedeihliches Zusammenleben der Menschen unerläßlichen Gemeinwohlwerte anwächst.
c) Sittengesetz. Die Beschränkung der Grundrechtsausübung durch das Sittengesetz fußt auf dem allgemeinen Grundsatz „Was du

---

[28] EKD-Denkschrift, S. 14

nicht willst, das man dir tu, das füg' auch keinem andern zu." Oder positiv gewendet mit den Worten der Bergpredigt (Matthäus 7, 12): „Alles, was ihr wollt, daß euch die Leute tun sollen, das tut ihnen auch." Ethische Grundwerte werden rechtlich relevant, und zwar in Richtung Staat ebenso wie in Richtung Protest gegen den Staat. Dem Staat wird versagt, gegen diese Grundwerte verstoßende Gesetze zu erlassen. Politische Aktionen können Grundrechte nur bis an die von diesen Grundwerten gezogenen Grenzen befugt in Anspruch nehmen.

7.3 Gleichheit - Art. 3 -

Menschenwürde, Freiheit und Gleichheit bedingen einander. Menschenwürde und Freiheit sind nur dann wirklich existent, wenn jedermann den gleichen Anspruch auf beide hat. Der Grundsatz des gleichen Anspruchs auf Menschenwürde und Freiheit ist „das Rechtsprinzip schlechthin ... Grundlage und Bedingung des inneren und äußeren Friedens, letzter Maßstab aller Gerechtigkeit und Unparteilichkeit."[29] Wird er verletzt, verdrängt Macht das Recht. Dann greift Parteilichkeit um sich, gibt es Mächtige und Ohnmächtige, Eliten und von der Macht Ausgeschlossene. Zwischen Menschen und Menschengruppen wird nach Wertigkeit unterschieden.

Politische Aktionen handeln im Geist der Verfassung, wenn sie benachteiligten Mitbürgern den Weg zu gleichberechtigter und gleichwertiger Teilhabe am politischen Prozeß ebnen, sie verletzen die Verfassung, wenn sie Privilegien fordern.

Politische Aktionen können ins Schleudern geraten zwischen dem Streben nach Gleichheit und nach Freiheit. Der sie bewegende Impetus drängt sie häufig in die Position radikaler Egalitaristen, die jede Ungleichheit mitleidlos anprangern. Zugleich aber fechten sie oft ebenso entschlossen für Verschiedenartigkeit, für Konfliktbereitschaft, Selbstverwirklichung, gegen jede Art von Uniformität und Standardisierung. Solches Hin- und Hergerissensein vor allem der jüngeren Generation ist nicht erst Zeichen unserer Zeit, kann aber dramatische Wirkungen haben, wenn es am common sense fehlt, daß Freiheit und Gleichheit nicht restlos radikal und gleichzeitig aufgehen.

---

[29] Kriele, Freiheit und Gleichheit, in: Benda, Maihofer, Vogel (Hg.), Handbuch des Verfassungsrechts, Berlin 1983, S. 129

7.4 Glaubens- und Bekenntnisfreiheit, Toleranz – Art. 4 –

Art. 4 sichert in engem thematischen Zusammenhang mit Art. 1 die Glaubens-, Gewissens- und Bekenntnisfreiheit.

Glaubensfreiheit meint die Freiheit des sogenannten forum internum, des Denkens in der Kategorie des Glaubens. Bekenntnisfreiheit unterscheidet sich von der Glaubensfreiheit in der Verhaltensweise, zielt auf Reden und Verkündigen.

Freiheit des Glaubens und des Bekenntnisses sind im säkularen Staat nur möglich, wenn dieser sich jeder Bevorzugung einzelner Religionen oder Bekenntnisse enthält und dadurch seine Autorität klar begrenzt. Erst die Neutralität erlaubt plurale Vielfalt und bewahrt vor einem Rückfall in Konfessionskriege und Überzeugungsterrorismus. Neutralität heißt allerdings nicht Indifferenz und Beliebigkeit. Auch der weltanschaulich neutrale Staat soll jenen Horizont im Blick halten, in dem sich Möglichkeiten und Grenzen des Menschlichen im Unendlichen verlieren. Wo der Transzendenzbezug aus dem Blick gerät, ist Staatstheologie auf dem Vormarsch.

Neutralität setzt Toleranz voraus. Toleranz hat mit christlicher Nächstenliebe und Versöhnungsauftrag der Kirche zu tun. Sie ist, obwohl im Grundgesetz nicht wörtlich benannt, einer der obersten ungeschriebenen Verfassungsgrundsätze. Toleranz schafft Raum für eine freie geistige Atmosphäre, die sich unabhängig von staatlicher Autorität entfaltet. Sie spannt den Bogen vom Recht auf Bewahrung der eigenen Besonderheit zur Pflicht, gegenseitig die Andersheit gelten zu lassen. Sie erträgt den anderen, wie er ist, und nicht, wie er nach der eigenen Vorstellung sein sollte. Aus Ertragen folgt Erträglichkeit.

Toleranz fordert Gesittung und Vernunft beim Verfolgen eigener Ziele. Sie setzt auch politischen Aktionen ein begrenzendes Maß.

Toleranz meint Freude an reich machender Vielfalt, findet ihre Basis in der Erfahrung des Irrtums, in der nie abgeschlossenen Suche nach Wahrheit und in der Bereitschaft, von anderen zu lernen.

Opportunistische Anpassung, beschwichtigende Freundlichkeit, formelhafte Brüderlichkeit und die „Wippe im Kopf“, die Lob und Tadel säuberlich ausbalanciert, sind Zerrbilder von Toleranz. Protest politischer Aktionen eskaliert oft gerade dort, wo er aufgrund mißverstandener Toleranz nicht wirklich ernst genommen wird.

Toleranz schlägt eine Brücke zwischen Recht und Politik, wird zum Rechtsauslegungsmaßstab, trägt Begriffe des Ermessens und der

Billigkeit, bewahrt davor, Formen und Funktionen des Rechtsstaates nur an der Räson des Politischen zu messen. Sie verneint um der Würde des Menschen willen den absoluten Primat des Politischen, in welcher Form immer er auftritt. Toleranz wirkt als Formkraft und macht bereit zum Kompromiß, der allein sinnvolles politisches und soziales Handeln ermöglicht.

Kompromiß heißt: Auf der Basis eines Minimums gemeinsamer Zielvorstellungen Konflikte der Macht und der Interessen nach gemeinsam anerkannten Regeln lösen und dabei ein Höchstmaß an positiver Freiheit anstreben. Was dann als Ergebnis einer Abwägung der widerstreitenden Positionen an Beschränkung der freien Entfaltungsmöglichkeit für den einzelnen bleibt, ist in einer pluralistischen Gesellschaft von diesem hinzunehmen.

Sorge politischer Aktionen vor billigen oder faulen Kompromissen ist begreiflich, intolerante Kompromißfeindlichkeit bedroht Gemeinschaft.

7.5 Gewissensfreiheit – Art. 4 –

Unter den in Art. 4 benannten Freiheiten spielt für die politische Aktion die Gewissensfreiheit eine herausragende Rolle, denn die Auflehnung gegen nach Ansicht der Protestierer verderbliche Mächte und Tendenzen geschieht oft unter Berufung auf das Gewissen.

Auch in einer Rechtsordnung mit starken Grundrechten ist das Gewissen der Bürger eine beunruhigende Instanz. Politische Aktionen, die sich auf das Gewissen berufen, mahnen den Staat, mit seinem Recht dafür zu sorgen, daß die Gewissensfreiheit eines jeden mit der aller anderen gemeinsam bestehen kann.

Der Gewissensbegriff des Art. 4 meint eine dem Menschen innewohnende ethische Instanz. Gewissen ist danach kein allgemeiner Verhaltenskodex, er sagt dem Menschen auch nicht, wie er aus höherer Warte einen bestimmten Sachverhalt verstehen soll, sondern es geht um die zwingende innere Weisung, sich hier und heute so und nicht anders zu verhalten.

Die Umwandlung des Gewissensbegriffes in einen Rechtsbegriff unterwirft ihn der Eigengesetzlichkeit der Rechtsordnung. Das ist nur erträglich, wenn sich der Staat im weltanschaulichen Streit um den Gewissensbegriff jeder Stellungnahme enthält und ihn ohne Bezug auf irgendein weltanschauliches oder religiöses Gedankensystem durch Rückgriff auf möglichst einfache Begriffe der Umgangssprache zurückführt. So haben denn auch Bundesverfassungs- und Bundesverwaltungsgericht das Vorliegen einer Gewissensentscheidung davon abhängig gemacht, daß ein freiwilliges oder erzwungenes Zuwiderhandeln die sittliche Persönlichkeit des Betroffenen beeinträchtigen oder zerstören würde.

Freiheit des Gewissens schließt das Risiko ein, diese Freiheit zu mißbrauchen. Bei gleicher Ausgangslage können Gewissensentscheidungen einander unversöhnlich gegenüberstehen, Gewissen können irren. Gegen solches Dilemma ist auch der Glaubende nicht gefeit. Niemand kann der dunklen Seite seiner selbst und seiner Fehlbarkeit ausweichen. So nimmt denn das in Gott ruhende Gewissen „den Zweifel an der Richtigkeit seiner Entscheidung in seine Entschiedenheit mit auf".[30]

Auch das Grundrecht der Gewissensfreiheit unterliegt immanenten Schranken. Der Mensch ist ein animal social, sein Recht auf Gewissensverwirklichung stets bezogen auf die selbstverständlichen Ordnungsvorstellungen und Ordnungsbedürfnisse der Rechtsgemeinschaft. Gewissenskonflikte lassen sich daher niemals ganz ausschließen. „Das Gewissen kann in Widerspruch zu staatlichen Regelungen und Maßnahmen geraten. Auch ein Handeln unter Berufung auf die Gewissensfreiheit findet am Recht eine Grenze."[31] Wer sich bei einer Rechtsverletzung, die er im Rahmen einer politischen Aktion begeht, auf sein Gewissen beruft, muß hinnehmen, daß Gewissenhaftigkeit kein genereller Rechtfertigungsgrund ist, zu keiner bevorzugten Berücksichtigung einer politischen Überzeugung führt und nicht vor dem Zugriff des Strafrechts bewahrt. Sonst würde Art. 4 zum Supergrundrecht. Minderheiten könnten Mehrheiten unter Berufung auf ihr Gewissen ihren Willen aufzwingen, im Ergebnis käme jede Rechtsnorm unter den Vorbehalt des Einzelgewissens. Jede überindividuelle Ordnung würde unmöglich und Anarchie zum Prinzip. Das Grundrechtsgefüge würde aus den Angeln gehoben.

Der Begrenzung der Gewissensfreiheit durch Rechtsordnung und Sozialerträglichkeit steht die Pflicht des Staates gegenüber, mit den Gewissen seiner Bürger schonsam umzugehen. Hierzu hat die Rechtsprechung den Begriff der Ausstrahlungswirkung entwickelt:

---

[30] Koch, Autonomie des Gewissens als Prinzip einer ev. Ethik? EKD-Texte 8, 1984, S. 22

[31] EKD-Denkschrift, S. 27

Vom Gesetzgeber wird erwartet, daß er Handlungsalternativen schafft, wenn Gewissenskonflikte sich abzeichnen, die mit der prinzipiellen Entscheidung des Art. 4 Abs. 1 in favorem conscientiae unvereinbar sind. Hauptbeispiel ist das Recht, den Kriegsdienst zu verweigern (Art. 4 Abs. 3).

Ferner verlangt die Ausstrahlungswirkung Dispens von staatlichen Pflichten, wenn keine Handlungsalternative besteht und der Gewissenskonflikt für den Betroffenen untragbar erscheint.

Schließlich wird gegenüber Rechtsprechung und Verwaltung ganz generell ein Wohlwollensangebot statuiert. Danach soll nicht jede beliebige Rechtsvorschrift sogleich zur Grundrechtseinschränkung führen. Vielmehr soll, um das richtige Maß zu finden, eine sorgfältige Abwägung vorangehen, bei der auch zu prüfen ist, ob die Gefahr, dic die fragliche Norm im Auge hat, einen Eingriff in die Gewissensfreiheit schon jetzt unvermeidbar macht.

Die Gewissensfreiheit wird durch inflationäre Ausweitung des Gewissensbegriffs gefährdet. Wir müssen unterscheiden zwischen Gewissensentscheidung im Sinne absoluter Verbindlichkeit für den Betroffenen und gewissenhafter Entscheidung, die zwar gut fundiert und von leidenschaftlichem Engagement getragen sein kann, trotzdem aber Handlungsspielraum läßt. Gute und überzeugende Gründe allein schaffen noch keine Zwangslage, in der der Einzelne, wenn dic Dinge anders laufen, als er hofft, innerlich zerbrechen müßte. Das „Hier stehe ich, ich kann nicht anders“ sollte nicht gängige Münze werden. Oft geht es doch ganz anders und bedeutet ein Unterliegen in der Sache und Mitgehen auf ungewolltem Wege durchaus keine moralische Katastrophe.

Gewissensinflation droht auch, wenn für politische Entscheidungen kollektiv Gewissensrang inanspruchgenommen wird. Pauschale Berufung politischer Aktionen auf die Gewissen ihrer Teilnehmer gibt Anlaß zu Skepsis. Allerdings muß, wer hier Fragezeichen setzt, gelten lassen, daß auch kollektive Ausübung der Gewissensfreiheit den Schutz des Grundrechts genießt. Viele Gewissensentscheidungen erwachsen nicht allein aus der individuellen Einsicht des Betroffenen, sondern bilden sich im Konsens von mehr oder minder großen gesellschaftlichen Gruppen. Der gerade hier naheliegende Mißbrauch des Grundrechts rechtfertigt nicht, der kollektiven Gewissensentscheidung generell die Schutzwürdigkeit abzusprechen.

Es kommt vor, daß kirchliche Körperschaften von ihnen selbst durchgeführte politische Aktionen auf Art. 4 Abs. 1 stützen. Dies hat beispielsweise eine Kirchengemeinde in Westfalen getan, als sie unter Berufung auf die Gewissensfreiheit Gebühren für elektrischen Strom mit der Begründung einbehielt, die Kraftwerke würden mit Atomstrom gespeist.

Nach Art. 19 Abs. 3 Grundgesetz können auch kirchliche Körperschaften Träger von Grundrechten sein. Zudem ist das Selbstverwaltungs- und Selbstbestimmungsrecht kirchlicher Körperschaften innerhalb der Schranken des für alle geltenden Gesetzes verfassungskräftig gesichert. Daraus folgt aber nicht ohne weiteres, daß die Grundrechtsgarantie des Art. 4 Abs. 1 in vollem Umfang auch für kirchliche Körperschaften gilt. Voraussetzung ist vielmehr, daß die Verfassungsgarantie „ihrem Wesen nach auf diese anwendbar ist". Das aber trifft, wenn überhaupt, nur teilweise zu.

Darüber, wo die Grenzen liegen, gehen die Ansichten in Lehre und Rechtsprechung auseinander. Die einen meinen, Gewissens- und Glaubensfreiheit seien nur als höchstpersönliche Individualrechte gewährleistet und könnten im Gegensatz zur Freiheit der Religionsausübung weder von Gruppen noch von Religionsgemeinschaften in Anspruch genommen werden. Die Gegenmeinung billigt auch juristischen Personen jedenfalls dann den Schutz des Art. 4 Abs. 1 zu, wenn ihr Zweck die Pflege oder Förderung eines religiösen Bekenntnisses oder die Verkündigung des Glaubens ihrer Mitglieder ist. Auch dann aber unterstehe dem Schutz des Grundrechts nur die Freiheit der Verlautbarung des Bekenntnisses als äußere Betätigungsform von Glaubens- und Gewissensentscheidungen ihrer Glieder.

Der Dissens kann hier dahinstehen, denn wie immer man sich entscheidet: darüber, daß das Gewissen als eine dem Menschen innewohnende innere Instanz nur dem Individuum zugeordnet und der innerliche Prozeß der Gewissensentscheidung allein dem Menschen und nicht der juristischen Person zu eigen ist, besteht Einmütigkeit.

Kirchengemeinden und andere kirchliche Körperschaften, die als solche politische Aktionen veranstalten, mögen gute Gründe dafür haben – die Berufung auf das Grundrecht der Gewissensfreiheit sollten sie dem einzelnen, der aus eigener Verantwortung mittut – überlassen.

7.6 Freie Meinungsäußerung – Art. 5 –

Der demokratische Staat lebt davon, daß sich das Volk in Wahlen und in sonstigen Äußerungen zu einer eigenständigen, frei gebildeten Meinung bekennen kann. Jedermann muß seine Stimme erheben, sich und andere informieren und für seine Meinung offen eintreten können. Ohne Freiheit der Einzel- und Masseninformation und ohne Freiheit der geistigen Einflußnahme auf andere gibt es keine öffentliche Meinung und keine Demokratie. Wo Öffentlichkeit unterdrückt wird, nimmt Wahrheit Schaden. Der verbrecherische Charakter des NS-Staates begann nicht erst mit der Installation seines Vernichtungsapparates, sondern mit der Einschränkung der demokratischen Freiheiten.

Auch das Grundrecht der freien Meinungsäußerung ist an die „Rechte anderer" gebunden. Dadurch wird aus dem einseitigen individuellen Kampfrecht das „große Gegenseitigkeitsrecht der geistigen Kommunikation mit Hilfe der öffentlichen Meinung".[32]

Die Verfassung gibt Raum für die Verfolgung gegensätzlicher und konkurrierender politischer Richtungen, setzt Pluralität voraus. Ein Votum über richtig und falsch gibt sie nicht. Die Neutralität des Staates beruht auf der für den Verfassungsstaat der Neuzeit konstituierenden Einsicht, daß der Staat um der Würde der Menschen willen die inhaltlichen Bindungen zurücknehmen muß. In einer pluralen Gesellschaft kann nicht alles bereits von der Verfassung vorentschieden sein und lassen sich politische Ziele durchweg nicht mit Verfassungsgeboten identifizieren. Andernfalls droht der Verfassung eine Überanstrengung zu Lasten des politischen Prozesses. Die Verfassung diktiert keine Meinungen, sondern hält um der Freiheit willen die Willensbildung offen. Die freie Meinungsäußerung hat Verfassungsrang. Die Ziele selbst haben ihn nicht, sondern wollen politisch gesetzt und erstritten sein.

Die Schranken dieses Grundrechts umschreibt das Grundgesetz in Art. 5 Abs. 2 durch einen Hinweis auf die allgemeinen Gesetze. Das ist unklar und in seiner Tragweite umstritten. Nicht jedes allgemeine Gesetz kann das Grundrecht relativieren, sonst würde dessen Reichweite unvertretbar eingeengt. Die Beziehung zwischen Grundrecht

---

[32] Dürig, Rdnr. 73 Anm. 1 zu Art. 2 I, in: Maunz-Dürig, Grundgesetzkommentar

und allgemeinem Gesetz bedeutet daher nach der Rechtsprechung des Bundesverfassungsgerichts keine einseitige Einschränkung des Grundrechts durch „allgemeine Gesetze“, sondern es besteht eine Wechselwirkung: die „allgemeinen Gesetze“ setzen zwar dem Wortlaut nach dem Grundgesetz Schranken, müssen aber ihrerseits aus der Erkenntnis der wertsetzenden Bedeutung dieses Grundrechts ausgelegt und so in ihrer begrenzenden Wirkung selbst wieder eingeschränkt werden. Dies führt im Ergebnis zu einer Güterabwägung zwischen der Meinungsäußerungsfreiheit und dem von dem jeweils einschränkenden geschützten Rechtsgut. Im Konflikt zwischen Meinungsäußerungsfreiheit und einem anderen Rechtsgut hat nicht, wie es noch in der Weimarer Zeit einhellige Meinung war, automatisch die Meinungsäußerungsfreiheit dem anderen Rechtsgut zu weichen. Die Meinungsfreiheit und mit ihr die Freiheit der politischen Aktion steht nicht am Ende der Rechtsgüterskala, sondern an vorderer Stelle.

Das Grundgesetz benennt neben den allgemeinen Gesetzen als weitere Schranke den Ehrenschutz. Sie gilt auch für die politische Aktion. Die höchstrichterliche Rechtsprechung hat jedoch den Ehrenschutz erheblich gelockert und verlangt nicht, den politischen Streit nach gutbürgerlichen Wohlverhaltensregeln auszurichten. Das Grundrecht der freien Meinungsäußerung garantiert grundsätzlich auch die freie Entscheidung über die Form, in der man seine Meinung öffentlich äußert, dies besonders dann, wenn es sich um den „Gegenschlag“ gegen einen heftigen oder gar ehrenrührigen Angriff handelt. Nach der „Gegenschlagtheorie“ darf so reagiert werden, daß die öffentliche Wirkung des Angriffs egalisiert wird. Die Lockerung des Ehrenschutzes bedeutet allerdings keine Preisgabe sämtlicher Ansprüche an den Umgang mit dem Gegner. Demokratie heißt, unter der Voraussetzung von Dissens auf friedlichem Wege zu politischen Entscheidungen zu kommen. Dafür ist nicht gleichgültig, wie der Streit ausgefochten wird. Die Methoden sind ebenso wie die Inhalte der Konflikte wertgebunden.

7.7 Versammlungsfreiheit – Art. 8 –

Die politische Aktion wird vor allem durch das Grundrecht der Versammlungsfreiheit verfassungsrechtlich geschützt. Die zentrale Bedeutung dieses Grundrechts hat das Bundesverfassungsgericht in seiner Brokdorf-Entscheidung vom 14. 05. 1985[33] nachdrücklich betont und dabei das Freiheitsrecht deutlich dem Ordnungsdenken vorangestellt.

Die Versammlungsfreiheit ergänzt die Meinungsfreiheit nach der kollektiven Seite. Die Möglichkeit, sich in aller Öffentlichkeit und in großer Zahl mit anderen zu treffen, um sie über die eigene Meinung zu unterrichten, für bestimmte Ziele zu werben, sich aber auch als bloßer Teilnehmer und Zuhörer zu informieren, die Möglichkeit endlich, seine Auffassung in „vielfältigen Formen gemeinsamen Verhaltens bis hin zu nichtverbalen Ausdrucksformen" offensiv, plakativ und aufsehenerregend zu vertreten, ist fundamentale Voraussetzung jeder freien Meinungsbildung. Sie ist zugleich Zeichen der Mündigkeit des selbstbewußten Staatsbürgers. Die menschliche Existenz würde in ihrem Kern getroffen, wollte man durch Verbote das Zusammenkommen mit anderen verhindern.

Versammlungen sind ein wesentliches Element demokratischer Offenheit. „Sie bieten ... die Möglichkeit zur öffentlichen Einflußnahme auf den politischen Prozeß, zur Entwicklung pluralistischer Alternativen oder auch zu Kritik und Protest ... sie enthalten ein Stück ursprünglich-ungebändigter unmittelbarer Demokratie, die geeignet ist, den politischen Betrieb vor Erstarrung in geschäftiger Routine zu bewahren." Die Versammlungsfreiheit gewinnt damit in Demokratien mit parlamentarischem Repräsentationsprinzip und geringen plebiszitären Elementen eine grundlegende stabilisierende Funktion. Sie „fungiert als notwendige Bedingung des politischen Frühwarnsystems, das Störpotentiale anzeigt, Integrationsdefizite sichtbar und damit auch Korrekturen der offiziellen Politik möglich macht."

Auch das Grundrecht der Versammlungsfreiheit ist der Gefahr des Mißbrauchs ausgesetzt, seinen Rang mindert das nicht.

Das Grundrecht unterscheidet nicht nach Motiven, Inhalten und Zielen der von ihm geschützten Aktionen. Die garantierte Freiheit gilt auch törichtem Gebrauch. Vernunft und Unvernunft der Akteure, Sympathie und Antipathie auf Seiten derer, die der Aktion begegnen, sind keine Kriterien für Zulässigkeit oder Unzulässigkeit des Unternehmens.

---

[33] NJW 1985, S. 2395ff

Das Grundrecht enthält einen überpositiven Menschenrechtskern und steht daher, über den Wortlaut des Grundgesetzes hinausgehend, auch Ausländern und Staatenlosen zu (Art. 11 Menschenrechtskonvention).

Das Grundrecht schützt eine bestimmte Form kollektiver Grundrechtsausübung, gibt aber dem Demonstranten nicht das Recht, im Rahmen der Aktion Dinge zu tun, die er als einzelner nicht tun dürfte. Art. 8 bedeutet kein Versammlungsprivileg in dem Sinne, daß dem Teilnehmer sonst verwehrte Verhaltensweisen erlaubt wären. Das Grundrecht ist kein spezifischer Rechtfertigungsgrund.

Den Bürgern mutet das Grundrecht zu, aus der Massenhaftigkeit der Grundrechtsausübung begriffsnotwendig folgende Störungen hinzunehmen. Das ist der Preis der Freiheit, den die Gemeinschaft zahlen muß. Würde er verweigert, könnte am Ende die Freiheit selbst leiden. Das Bemühen, auch auf dem Felde öffentlicher Versammlungen Freiheit zu sichern, muß der Sorge vor Belästigung der Bürger und Mißbrauch durch Chaoten und Schläger vorgehen. Für den, der gebannt nur auf den möglichen Mißbrauch starrt, wird jeder Demonstrant zur suspekten Person. Diese Sicht findet im Grundgesetz keine Stütze.

Die Versammlungsfreiheit kann bei Aktionen im Freien durch Gesetz oder aufgrund eines Gesetzes eingeschränkt werden. Zu nennen sind die §§ 14 bis 19 Versammlungsgesetz mit den dort angegebenen allgemeinen Beschränkungen, die Bannmeilengesetze des Bundes und der Länder oder das Straßen- und Wegerecht, das zum Beispiel Demonstrationen auf Autobahnen untersagt. Verbote und Auflösungen aufgrund des Versammlungsgesetzes werden nach dem Beschluß des Bundesverfassungsgerichts den Anforderungen der Demonstrationsfreiheit jedoch nur gerecht, wenn sie dem Schutz gleichwertiger Rechtsgüter, zum Beispiel Leib und Leben, dienen und der Verhältnismäßigkeitsgrundsatz gewahrt bleibt. Polizeiliche Gesichtspunkte allein reichen nicht, die Gefährdung der genannten Rechtsgüter muß zudem konkret und beweisbar sein.

Unzulässig sind Auflagen, „die den Charakter von Demonstrationen als prinzipiell staatsfreie, unreglementierte Beiträge zur politischen Meinungs- und Willensbildung sowie die Selbstbestimmung der Veranstalter über Art und Inhalt der Demonstrationen aushöhlen würden".

Spontandemonstrationen, also solche, die ohne die nach dem Versammlungsgesetz vorgeschriebene Anmeldung zustandekommen, dürfen nicht ohne weiteres verboten oder aufgelöst werden; auch hier muß eine Güterabwägung vorangehen.

Nur die friedliche Demonstration wird geschützt.

Unfriedlich ist eine Versammlung nicht schon, wenn es auf ihr nicht „friedlich zugeht". Das Grundgesetz nimmt im Bereich des politischen Kampfes erbitterte Auseinandersetzungen in Kauf. Auch wer sich unangepaßt und unfein benimmt, überschreitet damit allein noch nicht die verfassungsrechtlich relevante Grenze zur Unfriedlichkeit. Das Bundesverfassungsgericht stellt im Blick auf mögliche Gewalttätigkeit von Demonstrationen fest: „Steht nicht zu befürchten, daß eine Demonstration im ganzen einen unfriedlichen Verlauf nimmt, oder daß der Veranstalter und sein Anhang einen solchen Verlauf anstreben oder zumindest billigen, bleibt für die friedlichen Teilnehmer der Schutz der Versammlungsfreiheit auch dann erhalten, wenn mit Ausschreitungen durch einzelne oder eine Minderheit zu rechnen ist. In einem solchen Fall setzt ein vorbeugendes Verbot der gesamten Veranstaltung strenge Anforderungen an die Gefahrenprognose und die vorherige Ausschöpfung aller sinnvoll anwendbaren Mittel voraus, welche den friedlichen Demonstranten eine Grundrechtsverwirklichung ermöglichen."

Geraten Demonstranten außer Kontrolle und kommt es zu Ausschreitungen, muß der Staat Sicherheit und Ordnung wiederherstellen und seine Bürger, seien sie Demonstranten oder nicht, schützen. Die prinzipielle Entscheidung des Grundgesetzes für eine umfassende Versammlungsfreiheit verpflichtet den Staat, dabei „versammlungsfreundlich zu verfahren" und beim Einsatz seiner Machtmittel jedes Übermaß, das den Charakter zunächst friedlicher Demonstrationen ändern und eskalierend wirken kann, zu vermeiden. Wer bei jedem gewalttätigen Überborden einer Demonstration nur die Forderung parat hat, das Demonstrationsstrafrecht müsse verschärft werden, verwechselt Festigkeit mit starken Worten, verrät Mangel an politischer Einsicht und Phantasie und offenbart nur zu leicht Hilflosigkeit.

Das Zurückhaltungsgebot trifft auch die Veranstalter, insbesondere von Großdemonstrationen. Die hohe Kultur des Demonstrationsrechts wird nur gewahrt, wenn sie Provokationen und Aggressionsanreize unterlassen, auf friedliches Verhalten der Teilnehmer hinwirken und Gewalttäter isolieren. „Je mehr Veranstalter ihrerseits zu einseitigen vertrauensbildenden Maßnahmen oder zu einer demonstrationsfreundlichen Kooperation bereit sind, desto höher rückt die

Schwelle für behördliches Eingreifen wegen Gefährdung der öffentlichen Sicherheit."

Das Bundesverfassungsgericht hat im Blick auf die weitgehend gewaltfreie Brokdorf-Demonstration von 1981 entschieden. Seine These, das Recht friedfertiger Demonstrationen auf Kundgabe ihrer Meinung unter freiem Himmel müsse auch auf die Gefahr hin erhalten bleiben, daß Böswillige es zum Anlaß von Gewalttätigkeit nehmen, gilt nicht gegenüber massenweise auftretenden Gewalttätern. Das Gericht stellt klar, daß Demonstrationen, deren Veranstalter mit hoher Wahrscheinlichkeit Gewalttätigkeiten beabsichtigen oder billigen, von der Gewährleistung des Art. 8 überhaupt nicht erfaßt sind, so daß Auflösungen oder Verbote hier das Grundrecht nicht verletzen.

Der Chaot ist kein schutzwürdiger Demonstrant. Gewalttätern gegenüber verlieren Erwägungen, ob einer Demonstration im Interesse ihrer legitimen Zielsetzung eher Raum zu geben ist und individuelle Bürgerrechte auf Störungsfreiheit zurückstehen müssen, wie dies etwa bei vorübergehenden Verkehrsbehinderungen der Fall sein kann, ihren Sinn. Gewalttätern muß mit der vollen Härte des Gesetzes begegnet werden. Wo das Recht der Gewalt entgegenkommt, hat die Gewalt bereits gesiegt. Ein freiheitlicher Staat kann nicht hinnehmen, daß unfriedliche Demonstrationen Verfassungswirklichkeit werden und notwendig zum politischen und rechtlichen Leben unserer Gesellschaft gehören. Gewaltfreiheit ist nicht großartige Gebärde und nobler Verzicht auf radikale Schritte, sondern Pflicht aller Bürger, Verfassungsgebot.

8. Verfassungsmäßige Ordnung

Die Grundrechte schaffen politischen Aktionen Freiraum. Die verfassungsmäßige Ordnung bindet sie ein in das Institutionengefüge des Rechtsstaates. Das schafft Reibungsflächen, denn politische Aktionen wollen in großer Unabhängigkeit etwas bewegen und sich nicht in Schemata pressen lassen. Das Pathos grundrechtlich geschützter Freiheit stößt sich am Ethos staatsbürgerlicher Pflichten.

Für den Umgang mit politischen Aktionen wesentliche Kernstükke der verfassungsmäßigen Ordnung sind: Demokratieprinzip, Repräsentation, Mehrheitsprinzip, Gewaltmonopol und der Verhältnismäßigkeitsgrundsatz.

8.1 Demokratieprinzip

Das Demokratieprinzip wird durch die verfassungssmäßige Ordnung konkretisiert und zielt auf eine Lebensordnung, die dem Anspruch auf Herrschaft durch das Volk weitmöglich Geltung verschafft. Demokratieprinzip meint Menschenrechte, Rechtsstaatlichkeit, Gewaltenteilung, Herrschaft auf Zeit, öffentliche Kritik und eine mit der Chance, selbst Mehrheit zu werden, ausgestattete Opposition. Die demokratischen Institutionen sind „Barrieren, die wir gemeinsam gegen das Böse aufstellen können."[34] Dem Gemeinwohl verpflichtetes Handeln ist offenes, mit Irrtümern und Fehlgriffen belastetes Ringen um die richtige Entscheidung. Offene Demokratie ist das Gegenbild zur totalitären Demokratie, in der das Gemeinwohl eine vorgegebene Größe darstellt, die zu erkennen und zu exekutieren einer Avantgarde vorbehalten ist, die weiter sieht als die ihrer Diktatur unterworfene breite Masse.

Die offene Demokratie erteilt jedem Absolutheitsanspruch eine Absage. Politische Aktionen, die ihn erheben, handeln undemokratisch.

Das Demokratieprinzip verlangt Sinn für Spielregeln. Leicht wird der Zusammenhang von Ziel und Verfahren übersehen. Der Kampf um hohe Ziele, heißt es, dürfe nicht durch kleinliche Verfahrenshemmnisse behindert werden, vor hohen Zielen verblaßten Spielregeln zu Formeln geringerer Würde und Verbindlichkeit. Zur politischen Kultur gehört nun aber Einsicht in die zivilisierende Kraft von Regeln und in die Klugheit von Konventionen. Ohne humane Methoden gibt es keine humane Politik. Die formalen Regeln der Willensbildung haben ihren eigenen substantiellen Gehalt. Auch hinter Spielregeln verbergen sich Lebens- und Schicksalsfragen.

8.2 Repräsentation

Die politische Aktion will direkt wirken, dadurch gerät sie in Spannung zur repräsentativen Struktur unserer Verfassung.

Die vom Volk ausgehende Staatsgewalt wird durch freie, geheime Wahlen besonderen Organen der Gesetzgebung, der vollziehenden Gewalt und der Rechtsprechung übertragen. Die besonderen Organe

---

[34] Glucksmann, a. a. O (Anm. 6)

handeln im Namen des Volkes, ihr Tun wird dem Volk zugerechnet, vom Volk als legitim anerkannt und für das Volk mit Verbindlichkeit ausgestattet.

Das Prinzip der repräsentativen parlamentarischen Demokratie ist eine Frucht menschlicher Zivilisation und politischer Einsicht, es ist die zentrale Antwort des Grundgesetzes auf die Frage, wie der Staat nach seiner inneren Verfassung überhaupt noch regierbar, das heißt in der Lage ist, eine langfristig angelegte, auch die Bedürfnisse künftiger Generationen achtende Politik zu treiben. Eine „vernünftige Alternative" gibt es nicht.[35]

Die Kritik am Parlamentarismus hat in Deutschland lange Tradition. Für den vormärzlichen Konstitutionalismus war er unvereinar mit dem monarchischen Prinzip. Im Kaiserreich wertete ihn der formalistische Positivismus als Verstoß gegen die Gewaltenteilung. Nach 1919 wurde ein Gegensatz zwischen liberal-parlamentarischen und massendemokratischen Ideen konstruiert. Argwohn gegenüber der für den Parlamentarismus unverzichtbaren Rolle der Parteien war durchgängig. Carl Schmitt warf dem Parlamentarismus Mangel an Diskussion, Öffentlichkeit und repräsentativer Identität vor. Er hielt das Parlament für eine künstliche Maschinerie und meinte, diktatorische und cäsaristische, von der Akklamation des Volkes getragene Führung könne mehr demokratische Kraft und Substanz beweisen, plebiszitäre Legitimität sei das einzige anerkannte Rechtfertigungssystem. Auch der Kirche war der Parlamentarismus als Ausfluß des liberalen, die Verbindlichkeit ethischer und theologischer Maximen gefährdenden Zeitgeistes weithin suspekt.

Die überkommene Kritik am Parlamentarismus findet in politischen Aktionen unserer Tage Resonanz. Das gibt dem Protest manchmal einen verfassungskritischen Drall, der an die Wurzel geht. Beim Scheitern von Weimar wirkten Funktionsschwäche des Parlaments und die Verfassung verachtender Protest zusammen. Der Niedergang der Weimarer Republik begann mit der Mißachtung des Parlaments und mit der Kapitulation des Parlaments vor seinen Feinden. Nun ist Bonn nicht Weimar, aber das Ende von Weimar mahnt.

Die heutige Kritik beweist mangelnde Beherbergung vieler in unserer parlamentarischen Demokratie. Entfremdung zwischen Führung und Staatsvolk bedroht den Parlamentarismus latent. Eine Re-

---

[35] EKD-Denkschrift, S. 29

präsentation, die allein in Wahlakt und etablierten Parteien ihren Grund hat und nicht durch eine permanente politische Willensbildung, wie sie die Art. 5 und 8 des Grundgesetzes im Auge haben, abgestützt wird, ist nur noch formal demokratisch. Die Schwächen des Parlamentarismus sind offenkundig. Das Verhalten mancher Repräsentanten mindert seine Glaubwürdigkeit. Die gelegentliche Neigung von Politikern, „mit verbalem Moralismus ihre Machtposition moralisch aufzurüsten",[36]stößt ab. Die richtige Auswahl der Führungseliten ist ein Dauerproblem. Den Parlamenten droht Funktionsverlust durch Exekutive und Apparat. Fülle und Reichweite der staatlichen Aufgaben überfordern die einzelnen Abgeordneten. Oft mißlingt es, die Einzelinteressen und unterschiedlichen Standpunkte der Bürger so zur Geltung zu bringen, „daß es dabei zum Ausgleich mit den Lebensinteressen aller und dem politischen Gemeinwesen insgesamt kommt."[37]

Als Antwort auf Kritik und Protest reicht liturgisches Pochen auf bewährte Verfassungsgrundsätze nicht aus. Das wirbt nicht, sondern verschreckt eher und löst oft nur Hohn aus. Es wäre hybrid, das parlamentarische System so darzustellen, als könne es über alle Zeitläufe hinweg alles verarbeiten und auffangen, was zwischen Menschen aufkommt. Es ist ein, allerdings unverzichtbarer, „Notbehelf".[38]

Im Protest politischer Aktionen bricht das Verlangen nach stärkerer partizipatorischer Mitwirkung aller Staatsbürger durch. Der Traum von einer unmittelbaren, plebiszitären Demokratie bestimmt die Vorstellungswelt vieler. Sie erliegen dem faszinierenden Gedanken, Demokratie bedeute Selbstbestimmung für jedermann.

Auch wenn basisdemokratische Identität von Regierenden und Regierten wohl immer romantische llusion bleiben wird und politische Beteiligung durchaus nicht identisch ist mit Selbstbestimmung, verdient der Wunsch nach mehr Partizipation keine Häme. Er nötigt vielmehr zu phantasievoller Suche nach Wegen, die Entfremdung zu überbrücken. Die Feststellung, daß schon jetzt auch ohne rechtsförmig gestaltete plebiszitäre Formen der Willensbildung außerparlamentarischer Einfluß, wie politische Aktionen ihn ausüben, durchaus wirksam sein kann, genügt nicht. Auf der Tagesordnung steht die Frage, ob nicht die Zeit reif ist für eine stärkere Hereinnahme plebis-

---

[36] Schnädelbach, Der auferstandene Epikur in: s. Anm. 2, S. 522f
[37] EKD-Denkschrift, S. 29
[38] Simon, EKD-Synode 1985

zitärer Formen – Volksentscheid, Volksbegehren, Volksbefragung – in unsere Verfassung.

Größere Offenheit in dieser Richtung könnte sich anstauende Unruhe mildern, vertrauensbildend wirken und den Schwund der Integrationskraft des repräsentativen Systems auffangen. Ein schroffes Abblocken hingegen könnte dem Vorwurf, hierzulande würden Bürgervertretung und Bürgerbeteiligung zugunsten von Stabilität und Sicherheit vernachlässigt, neue Nahrung geben und dadurch die Erosion des Grundkonsenses beschleunigen.

„Der Vorzug ... plebiszitärer Verfahren ist es, in bestimmten Fragen von grundlegender Bedeutung den unmittelbaren Willen des Bürgers anders als bei Wahlen unvermischt mit anderen Motiven und Optionen zur Geltung zu bringen. Eine frühere und intensivere öffentliche Diskussion würde erzwungen, die Entscheidungen könnten für die unterlegene Minderheit zumutbarer werden. Politische Beteiligung würde in einer neuen Weise erfahrbar gemacht."[39]

Auf der anderen Seite stehen schwer ausräumbare Sorgen, die den Vätern des Grundgesetzes Zurückhaltung nahelegten: auch Plebiszite erreichen keine Identität von Regierenden und Regierten, denn auch sie müssen zunächst von Parteien und gesellschaftlichen Kräften aufbereitet und vorgeformt werden. Wer die Fragen formuliert, bestimmt damit zu einem guten Teil bereits die Antwort. Plebiszite müssen vereinfachen und Einzelfragen zur Entscheidung stellen, die die Komplexität der Zusammenhänge nicht erfassen. Sie können, weil schwerer korrigierbar als einfache Gesetze, Politik immobil machen. Sie sind niemandem zurechenbar, allenfalls ihren Initiatoren. Der Schutz der Minderheiten ist schwerlich größer als bei Parlamentsentscheidungen. Demagogen und Trommler finden reiche Betätigung. Mehr Plebiszität muß keineswegs zu mehr Demokratie führen.

Die Denkschrift der EKD sieht nach sorgfältigem Abwägen des Für und Wider „noch kein eindeutiges Bild bezüglich des Volksbegehrens und Volksentscheides auch auf Bundesebene", unterbreitet aber eine Reihe anderer, hier nicht zu wiederholender Vorschläge zur Aktivierung der politischen Willensbildung.[40]

---

39 EKD-Denkschrift, S. 41
40 EKD-Denkschrift, S. 42

8.3 Mehrheitsprinzip

Die politische Aktion hat elitäre Elemente. Triebkraft sind Ungeduld mit dem schwerfälligen demokratischen Entscheidungsprozeß und der Anspruch, weiter zu denken als Mehrheiten. Die politische Aktion will bewegen, was Mehrheiten nicht oder nur zögerlich voranbringen. Der Konflikt zwischen politischer Aktion und Mehrheitsprinzip ist vorgegeben.

Das Mehrheitsprinzip wurde Königsweg demokratischer Willensbildung genannt. Es läßt sich auch schlichter sagen: Demokratie ist Herrschaft der Mehrheit. Die Mehrheit herrscht namens aller auf Zeit und ist befugt, die Minderheit zu überstimmen. Der natürliche Gegensatz von Mehrheit und Minderheit wird durch ein System von Wahlabhängigkeiten und Kontrollen gemildert.

Das Mehrheitsprinzip ist Entscheidungsregel für den öffentlichen, politischen Bereich, nicht für die private Disposition. Es bedarf klarer Konturen. Mehrheiten können nur im Rahmen rechtlich und faktisch gesicherter Strukturen legitim entscheiden. Diese Strukturen dürfen nicht ihrer eigenen Verfügungsgewalt unterworfen sein, sonst besteht Gefahr der Selbstbefestigung und Selbstperpetuierung von Machtpositionen.

Das Mehrheitsprinzip präjudiziert und garantiert nicht die Richtigkeit der getroffenen Entscheidung. Demokratische Mehrheiten sind fehlbar. Größere Macht der Mehrheit bedeutet noch lange nicht Konsens der Bürger. Mehrheiten haben keinen Anspruch, daß die Minderheiten ihren Entscheidungen zustimmen, sondern müssen hinnehmen, daß Minderheiten Mehrheitsentscheidungen weiter attackieren und auf ihre Korrektur hinarbeiten. Das Mehrheitsprinzip ist nur als formelle Verfahrensregel allgemein verbindlich. Wer behauptet, mit der gewonnen Mehrheit dem Gemeinwohl näher gekommen zu sein, erhebt einen unzulässigen, sich dem Totalitären nähernden Anspruch. Die gewonnene Mehrheit gibt Entscheidungsvollmacht, mehr nicht.

Das Mehrheitsprinzip will die Einheit des Ganzen gegenüber dem Antagonismus der Teile zur Geltung bringen, indem es die Gesellschaft zu einheitlichem Tun befähigt, ohne den Reichtum individueller Vielfalt zu ersticken. Dies gelingt auf Dauer nur, wenn es eine Opposition gibt, die den Willen der Minderheit verkörpert und eine Chance hat, demnächst ihrerseits Mehrheit zu werden. Das Mehrheitsprinzip setzt mit anderen Worten eine mobile Gesellschaft voraus, denn Minderheiten bekennen sich zur Demokratie in der Regel nur, wenn und solange sie Hoffnung auf einen Machtwechsel haben können. Aussichtslose Opposition treibt in irrationale Aktion und bricht mit den Spielregeln demokratischer Willensbildung.

Hier hat mancher Protest seine Wurzel. Protestbewegungen erreichen politische Durchschlagskraft meist erst, wenn sie weite Kreise der Bevölkerung erfaßt haben. Das ist jedoch nur selten der Fall. Zumindest ist der Weg dahin weit und mühselig. Der faktisch limitierte Zugang zu politischer Macht führt leicht in Enttäuschung und Frustration und kann, wenn es dem parlamentarischen System an Integrations- und Überzeugungskraft fehlt, in Fundamentalprotest umschlagen. Politische Aktionen, in denen sich Hoffnungslosigkeit Luft schafft, sind Alarmzeichen.

Das Mehrheitsprinzip ist keine absolute, immer gültige Form der politischen Entscheidung, sondern wie das Repräsentationsprinzip Teil einer umgreifenden, selbst zerbrechlichen Ordnung menschlichen Zusammenlebens. Ohne Akzeptanz der Bürger verliert diese ihren tragenden Grund. Sie ist nur dann wirklich stabil, wenn sie von einer öffentlichen Kultur getragen wird und sich auf ein Fundament vorpolitischer Gemeinsamkeit stützen kann.

Das Mehrheitsprinzip hat eine Affinität zum politischen Normalfall. Bei der Bewältigung außerordentlicher Krisen und in Zeiten tiefgreifenden Wert- und Orientierungswandels stellt sich die Frage nach seinen Grenzen. In politischen Aktionen wird oft leidenschaftlich die These vertreten, das Mehrheitsprinzip werde bei nicht reversiblen und hinsichtlich ihrer potentiellen negativen Folgen unkorrigierbaren Entscheidungen untauglich. Irreversible Entscheidungen nähmen der Minderheit die Möglichkeit, sie als spätere Mehrheit aufzuheben, und verliehen sich daher selbst den Charakter der Endgültigkeit. Die Legitimation durch Verfahrensnormen reiche insbesondere dann nicht, wenn es um das nackte Überleben der gegenwärtigen und um die Überlebenschancen künftiger Generationen geht. Hier müsse der Minderheit größerer Einfluß auf die Willensbildung eingeräumt werden.

Dem ist entgegenzuhalten, daß politische Entscheidungen immer neue Lagen schaffen und der frühere Zustand kaum jemals ganz wiederherstellbar ist. Politische Entscheidungen wirken stets in eine offene Zukunft hinein und setzen Fakten, die nicht ungeschehen zu machen sind. Politik stellt Weichen über den nächsten Wahltermin hinaus, es gibt keine Stunde Null des völligen Neuanfangs, das einmal Akkumulierte wirkt fort und bindet auch künftige Mehrheiten.

Die Vorstellung, daß ein Parlament eine zentrale Frage als nicht mehr politikfähig erklärt und sich damit von der Verantwortung abmeldet, nichts anderes bedeutet Nichtabstimmbarkeit, geht an den Realitäten vorbei.

Parlamente und Regierungen können jederzeit, ob sie wollen oder nicht, in einen Entscheidungszwang geraten, der sie zum Handeln zwingt – mit unübersehbaren Folgen. In der Geschichte der Bundesrepublik gab es mehrfach solche Weichenstellungen. Man mag die getroffenen Entscheidungen für richtig oder falsch halten, daß überhaupt nicht hätte entschieden werden dürfen, läßt sich mit Fug nicht behaupten.

„Wir können nicht um die Ecke gucken und wissen nicht, welche Entscheidungen im Schoß der Geschichte liegen", Politik bleibt Wagnis und hat „Exoduscharakter".[41] Wenn sie abdankt, bleibt dennoch Handlungs- und Entscheidungsbedarf. Der Gang der Geschichte läßt sich nicht dadurch aufhalten, daß eine Entscheidung nicht getroffen oder von Minderheiten blockiert wird. Nichthandeln ist auch Handeln – mit ebenfalls irreversiblen Folgen. An die Stelle der verfassungsmäßigen Organe treten dann womöglich unkontrollierbare Mächte, amorphe Bewegungen und letztendlich cäsarische Gestalten.

Wer mehr Demokratie wagen will, darf den Bereich, in dem nach ihren Regeln entschieden wird, nicht einengen, sondern muß ihn im Gegenteil ausdehnen.

8.4 Gewaltmonopol

Politische Aktionen stellen manchmal das staatliche Gewaltmonopol als obrigkeitsstaatliches Relikt in seiner Geltung infrage.

Das Monopol legitimer Gewalt ist nach der allgemein anerkannten Formel Max Webers dem Staat vorbehalten. Dieses staatliche Gewaltmonopol markiert eine wesentliche Errungenschaft der politischen Kultur. Seit dem Ewigen Landfrieden von 1495 ist den Bürgern verwehrt, auf eigene Faust Rechte durchzusetzen, und in den mörderischen Konfessionskriegen des 16. und 17. Jahrhunderts hat sich

---

[41] Wölber, Christliches in dieser Zeit, Gütersloh 1984, S. 63

allgemein die Einsicht durchgesetzt, daß Bändigung der Gewalt grundlegende Aufgabe jedes Gemeinwesens ist. Ungebändigte Gewalt negiert Freiheit und Gerechtigkeit, läuft auf Herrschaft des Stärkeren hinaus und ist, weil sie jederzeit und jedermann droht, das Gegenteil von Sicherheit. Ohne Gewaltmonopol des Staates gibt es keinen inneren Frieden. Es ist Voraussetzung für Reformfähigkeit, sonst bleiben nur Umsturz und Revolution. In dieser Gewährleistung der allgemeinen Rechtssicherheit und des inneren Friedens gründet seine Legitimität.

Das Gewaltmonopol ist segensreich und gefährlich zugleich. Niemand verkleinere seine Risiken. Auch der demokratische Rechtsstaat ist gegen die Arroganz der Macht nicht gefeit. Machtmißbrauch des Staates wiegt durchweg schwerer als Gewalttätigkeit von Bürgern. Gewalt von oben ist keineswegs immer Ausdruck von Ordnung, Gewalt von unten keineswegs immer gleich Chaos.

Um die Bindung des Gewaltmonopols an das vitale Interesse aller Bürger zu wahren, bedarf es sichernder Institutionen. Das Risiko des Gewaltmonopols ist akzeptabel, wenn es inhaltlich an den demokratischen Willensbildungsprozeß gebunden und nach den Regeln des Rechtsstaates strengen Rechtsregeln unterworfen wird. Verfahrensrechte machen aus potentiellen Opfern staatlicher Gewalt verteidigungsfähige Subjekte, unabhängige Gerichte können angerufen werden, Grundrechte schränken das Gewaltmonopol zusätzlich ein.

Das Gewaltmonopol ist der Exekutive zugeordnet und wird daher nur beim Vollzug des politisch bereits Entschiedenen wirksam. Die Gesetzgebung und das ihr vorgelagerte Feld der politischen Meinungs- und Willensbildung sollen durch Ausüben staatlicher Gewalt gerade nicht beeinflußt werden. So ist staatliches Eingreifen bei Demonstrationen durch Einsatz von Polizei nicht dazu bestimmt, die Willensbildung zu beeinflussen, sondern allein dazu, den Rechtsregeln, die die öffentliche Willensbildung gewaltfrei halten wollen, Geltung zu verschaffen. Das Gewaltmonopol soll disziplinierend wirken nicht im Blick auf den Inhalt öffentlicher Kommunikation, wohl aber im Blick auf ihre Formen. Darin liegt seine zivilisierende Aufgabe.

Mit dem Gewaltmonopol korrespondiert das Recht der Bürger auf Sicherheit. Indem der Staat seine Bürger, abgesehen von Fällen der Notwehr und sonstigen Formen erlaubter Selbsthilfe, hindert, sich ihr Recht gewaltsam zu holen und Selbstschutz zu organisieren, übernimmt er die Verantwortung für ihre Sicherheit auch gegenüber aus dem Ruder laufenden politischen Aktionen. Wird er dieser Verantwortung nicht gerecht, kann er vom Opfer privater Gewalt schwerlich absolute Passivität verlangen. Das würde deren staatsbürgerliche Friedenspflicht überfordern. Sich für ungenügend geschützt haltende Bürger könnten versucht sein, ihrerseits Bürgerwehren ins Leben zu rufen oder auf andere Weise gewaltsam den Schutz zu gewährleisten, den ihnen der Staat vermeintlich vorenthält. Eine Strategie zunehmender Flexibilität im Grundsätzlichen läuft Gefahr, von einer Strategie der Eskalation überholt zu werden.

Gegen das staatliche Gewaltmonopol wird eingewandt, die Legitimität staatlicher Gewalt sei zweifelhaft, weil sie Klassenherrschaft ausdrückt. Der Staat sei die Organisation je einer gegebenen Gesellschaft und diene zur Monopolisierung der Gewalt durch die herrschenden Schichten und deren Interesse. Die Gewaltthematik verlagert sich damit auf die Frage, ob staatliche Macht mit Interessenmacht in einer Klassengesellschaft gleichzusetzen, oder ob es nicht unabhängig vom Klasseninteresse Aufgabe des Rechtsstaates ist, politische Macht zu bändigen und deren Mißbrauch zu hindern. Wer meint, in einer Klassengesellschaft sei jede Gewalt Klassengewalt, erkennt damit revolutionäre Gewalt an und denunziert staatliche Ordnungsgewalt als Instrument der Unterdrückung. Gegengewalt wird mit gleichen Kriterien gemessen wie staatliche Gewalt. Eine solche Argumentation untergräbt den Rechtsfrieden und nähert sich gefährlich dem Anspruch terroristischer Gruppen, Bürgerkriegspartei zu sein. Hierauf kann keine streitbare Demokratie sich einlassen.

In den Parolen mancher Aktionen klingt die utopische Vorstellung an, es könne eine „freie Assoziation aller Individuen" geben, in der es keiner Gewalt von irgendeiner Seite bedarf. Solche Träume von einer heilen Welt, in der Nächstenliebe und Brüderlichkeit das Gewaltmonopol entbehrlich machen, enthebt den Staat nicht seiner Pflicht, hier und heute unter sündigen Menschen den Frieden notfalls unter Androhung und Anwendung von Gewalt zu schützen. Daran dürfen politische Aktionen ihn nicht hindern.

Eine Kirche, die Tendenzen stützt, das staatliche Gewaltmonopol zu schmälern und dadurch die ordnende Hand des Staates lähmt, ist mitverantwortlich, wenn später einmal niemand mehr da ist, der die Freiheit, auch die Freiheit der Kirche, schützt.

8.5 Verhältnismäßigkeit

Zu den ungeschriebenen, für den Umgang mit politischen Aktionen wichtigen Verfassungsnormen gehört das Gebot der Verhältnismäßigkeit. Im Polizeirecht schon zu Beginn des 19. Jahrhunderts entwickelt, ist es heute zentrales Wesensmerkmal des vom Grundgesetz ausgeformten Rechtsstaates. Verhältnismäßigkeit meint eine vernünftige Relation zwischen Zweck und Mittel, meint Sinn für Proportion und Maß. Es geht um Selbstbescheidung und um die schlichte Einsicht, daß niemand mehr Rechte hat als andere auch. Wurzelgrund ist die Liebe, die nicht eifert, keinen Mutwillen treibt und sich nicht aufbläht (1. Korinther 13,4).

Der Staat muß, wenn er politischen Aktionen Auflagen macht, unmittelbaren Zwang gegen Demnstranten ausübt, Verbote erläßt und Veranstaltungen gewaltsam auflöst, sein Verhalten daran messen und messen lassen, ob es verhältnismäßig, das heißt ob es geeignet, erforderlich und den Betroffenen zumutbar ist. Der Staat soll das Ordnungsdenken nicht übersteigern, auf politischen Aktionen seiner Bürger nicht mit unsensibler, eskalierender Härte antworten, nicht mit Kanonen auf Spatzen schießen.

Das Gebot der Verhältnismäßigkeit setzt dem zulässigen Eingreifen eine Obergrenze, rechtfertigt aber kein Zurückbleiben hinter dem Nötigen. Ein verschwommener Begriff von Angemessenheit der Mittel, der Unentschlossenheit und Schwäche mühsam tarnt, wird dem Grundsatz der Verhältnismäßigkeit nicht gerecht. Naive oder fahrlässige Verharmlosung kritischer Entwicklungen verfehlt den Verfassungsauftrag nicht weniger als borniertes law-and-order-Denken.

Darüber, ob im konkreten Fall Maß gehalten oder des Guten zu viel oder zu wenig geschah, läßt sich im Nachhinein vom sicheren Port des Beobachters, der sich die Finger nicht beschmutzt, trefflich streiten. Die vorausgehende Prognose, auf die die Verantwortlichen ihre Entscheidungen stützen müssen, ist ungleich schwieriger. Staatlicher Umgang mit politischen Aktionen größeren Stils bedeutet ständige Gratwanderung zwischen Übermaß und Versäumnis.

Das Gebot, Verhältnismäßigkeit zu wahren, richtet sich ebenfalls an Veranstalter und Teilnehmer politischer Aktionen. Auch von ihnen ist Augenmaß zu fordern. Politische Aktionen, die gebannt nur die eigenen Ziele verfolgen, Grundrechte als Instrumente einseitiger Interessendurchsetzung reklamieren und dabei verkennen, daß allein ausgewogene Balance konkurrierender Rechte die Verfassung stützt, verschärfen auf ihre Weise den Konflikt. Erst Mäßigung auf beiden Seiten macht die Friedensfunktion demokratischer Verfassungspraxis möglich.

Wenn Mehrheiten ihre Macht rücksichtslos ausspielen und den Staat als Beute betrachten, werden sie maßlos und treiben sie Minderheiten in verzweifelt subversive Auflehnung. Wenn Minderheiten Mehrheitsentscheidungen sabotieren, verlieren auch sie das Maß und provozieren sie Repression.

Das Übermaßverbot gilt nicht zuletzt den Polarisierungsspezialisten unserer Tage. Untergangspropheten aller Couleur haben Konjunktur und basteln kräftig an Freund/Feindbildern. Nüchternheit und Gelassenheit bleiben dabei auf der Strecke. Ein Steinwurf wird zum Abgrund von Anarchie, ein Fehlgriff der Polizei zum Zähnefletschen des Leviathan. Aufgeregtheit ist ein schlechter Ratgeber. Oft stehen nicht, wie lauthals verkündet wird, Demokratie und Freiheit auf dem Spiel, sondern ist nur das Nervenkostüm der Protagonisten unzureichend.

Maßhalten sollen vor allem Mehrheiten. Sie müssen das Einigende betonen, integrierend wirken, Barrikaden abbauen. Mehrheiten halten bereits die Macht in der Hand und sind nicht darauf angewiesen, daß Minderheiten durch das Mäßigungsgebot über Gebühr gebremst werden. Maßhalten kann nicht heißen, den ohnehin Mächtigen noch mehr Schutzraum gewähren.

Minderheiten dürfen rigoros und radikal sein. Politische Aktionen verletzen als Sprachrohr von Minderheiten das Übermaßverbot nicht schon dadurch, daß sie ungestüm sind. Die Umkehrbarkeit der Verhältnisse macht dieses unterschiedliche Rollenverständnis erträglich.

9. *Rechtsverletzungen*

Politische Aktionen pflegen die ihnen garantierten Freiräume zu nutzen, häufig bis an die äußerste Grenze des Zulässigen, gelegentlich – inkaufnehmend oder vorsätzlich – auch darüber hinaus. Rechtsverletzungen werden zum aktuellen Thema.

9.1 Gewalt und strafrechtliche Sanktion

Die Verfassung verbietet, Konflikte gewaltsam auszutragen.

In der Umgangssprache wird von Gewalt ziemlich unbekümmert geredet. Bei näherem Zusehen erweist sich der Begriff als erstaunlich unscharf.

Die Verwirrung um den Gewaltbegriff wächst noch angesichts verbreiteter Neigung zu freundlich etikettierender Terminologie. So werden: Rechtsbruch zu Regelverletzung, Sachbeschädigung zu symbolischer Gewalt, Schlägerei zu Geschubse, Hausbesetzung zu Instandbesetzung, Spalier zu Begrüßung, Sperre zu Friedenskette.

Am Ende sollen die protestierenden Gruppen selbst bestimmen können, wo Gewalt beginnt.

Das Gewaltverbot der Verfassung wird durch das Strafrecht abgestützt. Das Strafrecht übt gegenüber der Grundrechtsbetätigung eine allgemeine Sperrwirkung aus. Es ist ein Instrument der Friedenssicherung, indem es für die Bürgergemeinschaft unerträglichen Mißbrauch der Grundrechte mit Strafe bedroht. Seine friedensstiftende Wirkung ist allerdings nicht zu überschätzen. Das Strafrecht ist stets fragmentarisch, seine reale Leistungsfähigkeit im Blick auf das soziale Gefüge schwer faßbar. Es kann Vorstellungen über Normgeltung stabilisieren, aber humanes Zusammenleben hängt vorrangig davon ab, ob der Staat seine Macht verantwortlich ausübt und die protestierenden Gruppen trotz vermeintlich überlegener Argumente ihr Friedenspflicht als Bürger freiwillig den Methoden ihres Kampfes vorordnen.

Nicht jede formal als solche ausgewiesene Strafrechtsnorm ist geeignet, bei politischen Aktionen begangene Rechtsverletzungen strafrechtlich zu verfolgen. Nur Straftatbestände, die materiellrechtlich kriminelles Unrecht bedeuten und sich im Bewußtsein der Bürger als crimen darstellen, können das Grundrecht einschränken. Die Sperrwirkung des Strafrechts endet an der Schranke dieses crimen. Dem Staat ist verwehrt, durch Pönalisierung aller möglichen Lebensbereiche solche Grundrechtsschranken neu zu schaffen. Die Abwehr politischer Aktionen durch überzogene Ausweitung von Straftatbeständen ist nicht zulässig.

Wer bei jeder neuen Aktion größeren Stils, bei der es zu Gewalttätigkeiten kommt, nur die zum Ritual werdende Forderung nach einer Verschärfung des Demonstrationsrechts parat hat, verrät Mangel an politischer Einsicht und Phantasie und versäumt darüber leicht, das vor Ort Notwendige und taktisch Richtige zu tun.

Bei der strafrechtlichen Abstützung des Gewaltverbots hat der Nötigungstatbestand des § 240 StGB zentrale Bedeutung. Mit Strafe wird dort bedroht, wer rechtswidrig mit Gewalt oder durch Drohung mit einem empfindlichen Übel zu einer Handlung, Duldung oder Unterlassung nötigt. Rechtswidrig ist die Tat, wenn sie „als verwerflich anzusehen ist". Das Elend mit dem Gewaltbegriff wird hier offenkundig. Einige der offenen Fragen:

Demonstrationen können einschüchtern. Von welcher Grenze ab die Einschüchterung den Charakter von Gewalt annimmt, ist umstritten.

Festhalten und Einsperren sind Gewaltakte, aber dies ist nicht mehr so sicher bei Absperrungen, die zwar behindern, jedoch Um- und Auswege offenlassen, bei Umzingelungen, die durchlässig sind oder nur kurze Zeit dauern, oder bei Sitzblockaden, die ein Übersteigen der Demonstranten zulassen.

Umstritten ist auch, ob ein grundsätzlicher qualitativer Unterschied besteht zwischen Gewalt gegen Personen und Gewalt gegen Sachen. Wer einen solchen Unterschied behauptet, tritt auf dünnes Eis. Bücherverbrennungen sind nur Sachbeschädigung, haben aber schon zu ganz anderen Verbrennungen, Kaufhauszündeleien haben in den Terror geführt. Wer zerbrochene Scheiben hinnimmt, weil sie eine andere Qualität haben als Brandsätze, redet leichtfertig. Geringere Gefährlichkeit macht Gewalt nicht liebenswerter.

Gewaltakte mögen, wenn der angerichtete Schaden gering ist, zu Recht als symbolisch bezeichnet werden, das aber schließt nicht aus, daß dadurch gravierendere Vorgänge verhüllt werden.

In Gewalt kann Verzweiflung über mangelnde Kommunikation, unerfüllte Sehnsucht nach Geborgenheit und Liebe zum Ausbruch kommen. Dann bedeutet sie unter Umständen eine Herausforderung ganz anderer Art als das, was wir gemeinhin unter Gewalt begreifen.

Während früher die Gerichte eine Nötigung im Sinne des § 240 nur bei körperlicher Einwirkung annahmen, vertritt die herrschende Meinung heute eine „Vergeistigung" oder „Entmaterialisierung" des Gewaltbegriffs. Danach gibt es kaum noch eine physische oder psychische Einwirkung bis hin zur „Gewalt durch Unterlassen", die nicht eine Nötigung begründen könnte.

Angesichts der physischen Gewalt in ihrer Wirkung oft weit übersteigenden psychischen Gewalt ist die Ausdehnung des Gewaltbegriffs im Nötigungstatbestand begreiflich. Bliebe psychische Gewalt außer Betracht, wären, wenn nicht zugleich andere Straftatbestände erfüllt sind, bedenkliche Strafbarkeitslücken die Folge, bestimmte Fälle erheblicher psychischer Indoktrination könnten nicht verfolgt werden, Gewalt beginnt aber beim bösen Wort.

Auf der anderen Seite droht bei der „Vergeistigung" des Gewaltbegriffs eine Zerfaserung. Eine zu weite Anwendungsbreite löst den Tatbestand auf und führt zu einer Tatbestandsunsicherheit, durch den die Nötigung in die Nähe eines vagen Universaldelikts gerät.

Beim Abwägen muß das zweite Tatbestandsmerkmal des § 240 in den Blick genommen werden. Rechtswidrige Nötigung liegt erst vor, wenn die Tat nicht nur gewaltsam, sondern zugleich verwerflich ist. Gewaltanwendung allein reicht also nicht, sie muß „in erhöhtem Maß sittlich mißbilligenswert" sein. Auch diese Verwerflichkeitsklausel ist nach Inhalt und Reichweite in eine Unsicherheitszone geraten.

Zwischen Gewaltbegriff und Verwerflichkeitsklausel besteht ein unmittelbarer Zusammenhang. Faßt man mit der gegenwärtig herrschenden Meinung den Gewaltbegriff weit, muß man als mögliches Korrektiv der Verwerflichkeitsklausel einen großen Anwendungsbereich zugestehen. Geht man von einem engen Gewaltbegriff aus, liegt es nahe, Gewaltanwendung per se schon als indiziell für die Verwerflichkeit der Tat anzusehen. Mit anderen Worten: je weiter der Gewaltbegriff, desto größer auch das Bedürfnis nach Rechtfertigung tatbestandmäßigen Handelns auf der Grundlage der Verwerflichkeitsklausel.

Unter dieser Zwangsläufigkeit kann die Appellfunktion eines weitgefaßten Nötigungstatbestandes, der ja doch für den Regelfall die Grenzmarke zwischen erlaubtem und rechtswidrigem Tun bilden soll, leiden. Strafrechtsnormen müssen, um bewußtseinsbildend zu wirken, typisch und relativ eindeutig sein. Nur so vermitteln sie eine Orientierung, wo die Grenzen demonstrativer Einflußnahme auf Dritte liegen.

Eine Sitzblockade in Mutlangen am 26.6.1984 hat die Problematik des § 240 und vor allem seinen Begriff „verwerflich" ins öffentliche Bewußtsein gehoben. In einer Reihe von Entscheidungen hat das Amtsgericht Schwäbisch Gmünd die Verwerflichkeit der Blokkade bejaht und dementsprechend wegen rechtswidriger Nötigung verurteilt. Andere Gerichte haben ähnlich entschieden.[42]

Gegen diese Urteile erhob sich leidenschaftlicher Widerspruch.

Die Schelte gipfelt in der polemischen Frage, ob denn in diesem Lande Anstiftung zum Frieden verwerflich sei.

Der Bundesgerichtshof hat mit Beschluß vom 24.4.1986 die Weichen behutsam umgestellt.[43] Anlaß für die Entscheidung war auch hier eine Sitzblockade aus Anlaß der Aufstellung von Pershing II-Raketen auf deutschem Boden. Das Oberlandesgericht Köln hatte, weil es die Verwerflichkeit nicht als gegeben ansah, sich aber aufgrund der früheren Rechtsprechung des Bundesgerichtshofes gehindert sah, entsprechend zu entscheiden, diesen mit der Sache befaßt.

Der Kernsatz des Bundesgerichtshofes lautet: „Der Umstand, daß Demonstranten die von ihnen verursachte Verkehrsbehinderung von vornherein bezweckten, ist nicht stets eine hinreichende Bedingung für das Verwerflichkeitsurteil i. S. von § 240 StGB." Das bedeutet:

Sitzblockaden sind zwar in der Regel Rechtsverletzungen, denn das Grundrecht der Versammlungsfreiheit ermächtigt die Demonstranten nicht, in die Handlungs- und Bewegungsfreiheit anderer Personen einzugreifen, und verwehrt der Polizei nicht, die Blockade durch Wegtragen oder auf andere Weise zu beenden. Dennoch macht die zielgerichtete Rechtswidrigkeit der Blockade diese entgegen der bisher verbreiteten Rechtsprechung noch nicht ohne weiteres zur verwerflichen Tat. Ein „normativ-wertausfüllungsbedürftiger Begriff" wie die Verwerflichkeitsklausel des § 240 kann nicht „abstrakt-definitorisch" gehandhabt werden, sondern nur unter Abwägen der auf dem Spiele stehenden Rechte, Güter und Interessen. Die Entscheidung darüber, ob eine Sitzblockade verwerflich ist, kann danach nicht von der rechtswidrigen Verkehrsbehinderung allein abhängig gemacht werden, sondern in die Würdigung muß eine Zweck-Mittel-Abwägung einfließen, Fernziele der Täter und ihre Motive dürfen nicht außerachtbleiben, die Bedeutung des Grundrechts der Versammlungsfreiheit ist zu beachten. Verwerflich wird eine Nötigungshandlung erst dann, wenn sie nach den herrschenden sozialethischen Vorstellungen über das billigenswerte Maß hinausgeht und sozial unerträglich ist.

---

[42] Nachweis bei Finck/Jens (Hg.), Verwerflich, Friedensfreunde vor Gericht, München 1985, und im Urteil des Bundesverfassungsgerichts vom 11.11.1986 (s. Anm. 44)

[43] NJW 1986, S. 1983f, dazu Vorlagebeschl. OLG Köln NStZ 1986 S. 30ff

Mit dem gleichen Thema hatte sich das Bundesverfassungsgericht aufgrund von Verfassungsbeschwerden gegen das erwähnte Urteil des Amtsgerichts Schwäbisch Gmünd und andere in der Sache übereinstimmende Urteile zu befassen[44]. Das Urteil vom 11. 11. 1986 wird nur von vier der insgesamt acht Richter getragen. Diese Pattsituation unterstreicht die grundsätzliche Bedeutung der über rechtliche Erwägungen hinausgehenden Meinungsverschiedenheiten.

Das Gericht hält es für verfassungskonform, wenn die „Gerichte die Gewaltalternative des § 240 StGB auf Sitzdemonstrationen erstrecken, bei denen die Teilnehmer Zufahrten zu militärischen Einrichtungen ohne gewalttätiges Verhalten durch Verweilen auf der Fahrbahn versperren." Durch diese Feststellung wird den jeweiligen Strafgerichten die Entscheidungsbefugnis darüber belassen, ob eine Sitzblockade den Tatbestand verwerflicher Nötigung erfüllt. Das Bundesverfassungsgericht lehnt ab, die Entscheidung über die Verwerflichkeit an sich zu ziehen und den Strafgerichten eine bestimmte Abwägung vorzuschreiben. „Die mit der Anwendung der Verwerflichkeitsklausel verbundene Berücksichtigung aller Umstände" gehöre „zu den typischen Aufgaben, die den Fachgerichten bei der Entscheidung des jeweiligen Falles obliegen."

Die wegen Stimmengleichheit unterlegenen Richter stimmen den das Urteil tragenden Richtern darin zu, daß die Verfassung nicht gebietet, „Sitzdemonstrationen der vorliegenden Art sanktionslos zu lassen". Sie wollen die Aktionen aber als Ordnungswidrigkeiten behandelt wissen und eine Verurteilung als strafwürdige Nötigung von vornherein von verfassungswegen ausschließen. Von Verwerflichkeit kann nach ihrer Ansicht nur die Rede sein, wenn „erschwerende Umstände wie Verhinderung von Krankentransporten, Einkesseln Dritter oder andere besonders intensive Behinderungen hinzutreten."

Das Urteil verpflichtet die Richter der Fachgerichte, den § 240 verfassungskonform auszulegen. Danach indiziert die Bejahung nötigender Gewalt nicht schon zugleich die Rechtswidrigkeit der Tat. Vielmehr ist „die vom Gesetzgeber als Korrektiv vorgesehene Verwerflichkeitsklausel unter Berücksichtigung aller Umstände heranzuziehen."

---

[44] Urteil vom 11. 11. 1986 – 1 BrR 713/83 u.a. – (bei Abschluß dieser Arbeit noch nicht veröffentlicht)

Damit trifft sich das Urteil mit dem zitierten Beschluß des Bundesgerichtshofes, der ebenfalls auf ein Abwägen aller Umstände abhebt. Beide Entscheidungen weichen jedoch darin voneinander ab, wie die Fernziele der Demonstrationen bei der Verwerflichkeitsprüfung berücksichtigt werden sollen. Während der Bundesgerichtshof meint, Fernziele der Täter dürften „nicht außerachtbleiben", stellt das Bundesverfassungsgericht gegen den Widerspruch der unterlegenen Richter fest, der Strafrichter sei „bei der Verwerflichkeitsprüfung nicht gehalten, die Fernziele der Demonstranten zu berücksichtigen ..." Dem Grundsatz der Verhältnismäßigkeit und dem Gebot schuldangemessenen Strafens werde „vielmehr auch durch eine Einbeziehung der Fernziele und Tatmotive in die Strafzumessung Genüge getan."

Das erscheint wenig hilfreich. Die Gerichte müssen nicht, aber sie dürfen. Wohin soll das führen? Die einen werden so, die anderen so entscheiden. Die Gleichheit der Anwendung des Strafrechts wird infragegestellt. Eine unterschiedliche, sich zunehmend auch politischen Tendenzen öffnende Handhabung der Verwerflichkeitsklausel kann zu einem Maß an Unbestimmtheit führen, das vor dem Bestimmtheitsgebot des Grundgesetzes keinen Bestand mehr hat. Es ist zu befürchten, daß das Urteil des Bundesverfassungsgerichts Rechtsunsicherheit nicht abbaut, sondern vergrößert.

Insgesamt ist jedoch nach den Entscheidungen des Bundesgerichtshofes und des Bundesverfassungsgerichts davon auszugehen, daß gewaltfreien Sitzblockaden auch künftig nicht Rechtmäßigkeit attestiert, wohl aber erheblich zurückhaltender als früher Verwerflichkeit im Sinne des Strafgesetzbuches vorgeworfen wird.

Neben dem Nötigungsparagraphen ist der in § 125 StGB normierte Tatbestand des Landfriedensbruchs wichtig. Dort geht es um Gewalttätigkeiten gegen Menschen und Sachen und Bedrohung von Menschen mit einer Gewalttätigkeit, die aus einer Menschenmasse in einer die öffentliche Sicherheit gefährdenden Weise mit vereinten Kräften begangen werden.

Auch diese Vorschrift ist umstritten. Nach erheblicher Einschränkung des Strafbarkeitsbereiches im Jahre 1970 kam es im Sommer 1985 wieder zu einer Verschärfung, ohne daß allerdings der frühere Zustand wiederhergestellt wurde. Nunmehr macht sich strafbar, wer bei gewalttätigen Demonstrationen Schutzwaffen – dieser Begriff ersetzt den früheren Begriff „passive Bewaffnung" – mit sich führt oder sich unkenntlich macht und trotz Aufforderung durch die Polizei diese Gegenstände weder ablegt noch sich aus der Menschenmenge entfernt.

Mitnahme von Schutzwaffen und Vermummung werden aufgrund einer parallelen Änderung des Versammlungsgesetzes (neuer § 17 a) als Ordnungswidrigkeit gewertet und können mit Geldbuße belegt werden.

Gegen die Neuregelung wird eingewandt, sie sei überflüssig, weil das geltende Recht ausreiche und Gewalttäter ohnehin schon strafbar seien (§§ 125, 133, 240, 223ff). Das Grundrecht der Versammlungsfreiheit werde unzulässig verkürzt und über der Sorge vor Mißbrauch die gesellschaftspolitische Grundloyalität der überwiegenden Mehrheit der protestierenden Gruppen nicht hinreichend gewürdigt. Wie immer eine mögliche verfassungsgerichtliche Prüfung ausfällt, Ruhe ist auf diesem politisch und rechtlich sensiblen Gebiet mit der Neuregelung jedenfalls nicht eingetreten.

9.2 Widerstand

Politische Aktionen bezeichnen ihren Protest oft als Widerstand, nach dem Schlagwort „Wo Recht Unrecht wird, ist Widerstand Pflicht", und stellen dabei durch die Wahl des Wortes Widerstand bewußt einen Zusammenhang mit dem Dritten Reich her. Dem an die Älteren gerichteten Vorwurf, früheren Bedrohungen nicht genug widerstanden zu haben, wollen sich die Jüngeren angesichts neuer und anderer Bedrohungen nun nicht auch noch ihrerseits aussetzen. Dennoch ist der Vergleich unangemessen.

Damals konnte Widerstand nicht öffentlich und abgedeckt durch große Gruppen Gleichgesinnter artikuliert werden. Der einzelne mußte sich in quälender Einsamkeit zu einem Entschluß durchringen, der ihn höchster Gefahr für Leib und Leben aussetzte. Protest heute bedeutet dagegen keinerlei ernsthaftes Risiko. Mit dem opferbereiten Widerstand im Dritten Reich ist er nicht gleichzusetzen. Unsere Verfassung bietet den Bürgern die Chance, ihre Ziele und Vorstellungen offen zu vertreten, die Freiheit der politischen Aktion ist grundrechtlich geschützt.

Das Grundgesetz legitimiert in Art. 20 Abs. 4 Widerstand, wenn „andere Abhilfe" nicht möglich ist, als ultima ratio zur Verteidigung der Grundsätze und Einrichtungen der freiheitlichen Verfassung. Dieser Widerstand wendet sich nicht gegen die Verfassung, sondern will die Verfassung schützen: Verfassungsnothilfe gegen Verfassungsbruch.

Das Widerstandsrecht zugunsten der Freiheit war zu allen Zeiten anerkannt. Art. 20 Abs. 4 bringt daher nichts substantiell Neues, und man kann fragen, ob die Positivierung sinnvoll oder ein untauglicher Versuch war, Nichtnormierbares zu normieren, ein „liebenswürdiger, überflüssiger Schnörkel", um mit Böll zu reden.[45] Denn tritt der Widerstandsfall ein, wird nicht mehr nach vorgegebenen Spielregeln entschieden, sondern durch politische und militärische Macht. Wird der Angriff auf die Verfassung abgewehrt, bedarf der erfolgreiche Widerstand keiner Legitimation. Wird die Verfassung zerstört, hilft dem erfolglosen Widerstand wenig, daß die Verfassung ihn schützen sollte. Immerhin erinnert Art. 20 Abs. 4 den Bürger daran, daß die freiheitliche Ordnung letztlich auf seiner Anerkennung und seinem Engagement beruht und daß ihr Bestand auch seine Sache ist.

Der Staat des Grundgesetzes sieht auf dem Hintergrund der NS-Diktatur sein vornehmes Ziel darin, ein solches Widerstandsrecht gegenstandslos zu machen, weil „andere Abhilfe" eben doch möglich ist und es auch in kritischen Lagen nicht zur Aufkündigung des Bürgergehorsams kommen muß.

Von vereinzelten Extrempositionen abgesehen besteht Einigkeit, daß es für einen Widerstand nach Art. 20 Abs. 4 heute keinen Grund gibt. Manche empfinden diese Regierung als eine Zumutung und stemmen sich gegen den von ihr eingeschlagenen Kurs. Aber sie ist aus freien Wahlen hervorgegangen, ihr Mandat ist unstreitig, ihre Abwahl und die Kontrolle der von ihr eingebrachten Gesetze sind möglich. Die Verfassung bedarf keiner Nothilfe außerhalb der von ihr selbst vorgezeichneten Bahnen politischer Willensbildung.

Auch für ein sogenannte Widerstandsrecht gegen staatliche Einzelentscheidungen ist in der funktionsfähigen rechtsstaatlichen Demokratie kein Raum. Selbst die noch so gut begründete persönliche Überzeugung kann nicht gegen korrekt zustandegekommene Mehrheitsentscheidungen gesetzt werden. Wenn einer protestierenden Minderheit die Entscheidung der Mehrheit nicht paßt, kann sie nicht Legitimität gegen Legalität auffahren. Legalität indiziert Legitimität. Eine privilegierte Partizipation dessen, der sich in seinen Rechten verletzt und in seiner Person beschädigt fühlt, an der politi-

45 Steht uns bei, ihr Heiligen – Wider die trügerische Göttin der Sicherheit, in: Hill (Hg.), Widerstand und Staatsgewalt, Gütersloh 1984, S. 83

schen Willensbildung gibt es nicht. Es geht nicht an, der Legitimität der Staatsorgane die Legitimität der direkten Aktion entgegenzusetzen und unter Berufung auf das Widerstandsrecht eine Erosion des Rechts zu betreiben, deren mögliche Folgen viele nicht einmal ahnen. Das wäre das Ende jeder Rechtssicherheit.

Das Aufhebungsmonopol ungerechten Rechts ist dem Verfassungsgericht vorbehalten und kann nicht zum Jedermannsrecht ausgeweitet werden. Außerdem bietet die Verfassung eine Reihe systemimmanenter Wege, den Widerspruch gegen Fehlentscheidungen auf andere Weise als durch Ungehorsam und Widerstand zu praktizieren. Indem die Verfassung umfassenden Rechtsschutz gewährt, kompensiert sie ein Widerstandsrecht.

Aber ein Dilemma bleibt. Auch rechtsstaatlich geordnete Verfahren des Widerspruchs decken nicht alles ab und ändern nichts daran, daß bestimmte Entscheidungen von Bürgern als schlechthin unerträgliches Unrecht empfunden werden können. Gewissens- und Bekenntnisargumente haben hohen Rang, und die Verfassung mutet dem Staat zu, sie zu ertragen. Dennoch kann dieser auch dem gewissenhaften Ungehorsam gegenüber den Gesetzen nicht freigeben. Der uralte Konflikt zwischen Recht und Ethik läßt sich auch im Rechtsstaat des Grundgesetzes nicht dahin auflösen, daß ethische Erwägungen das Recht außer Kraft setzen. Der Konflikt bleibt unlösbar. Er treibt die Menschen, solange es geordnete Gemeinwesen gibt, und hat in den größten Werken der Weltliteratur bewegenden Ausdruck gefunden.

Wer ungehorsam ist und Widerstand leistet, mag seiner Zeit voraus sein und einen Begriff von Legitimität praktizieren, der sich im öffentlichen Bewußtsein erst allmählich durchsetzt. Er mag sich als Vorreiter künftiger Entwicklungen verstehen und hoffen, durch sie gerechtfertigt zu werden. Mancher Fortschritt wurde gegen das Gesetz erkämpft. Es gibt eine Fortentwicklung des Rechts durch Rechtsbruch. Aus der Spannung zwischen Sittlichkeit und Recht kann neues Recht wachsen. Dennoch muß, wer ungehorsam ist, damit rechnen, daß es ihm mißlingt, Staat und Öffentlichkeit von der tatsächlichen Unerträglichkeit und Unzumutbarkeit des von ihm angefochtenen Tatbestandes zu überzeugen. Ein Vorgriff auf künftige Entwicklungen ist ausgeschlossen. Der Lorbeer winkt nicht vor, sondern nach der Tat, nicht dem Rückversicherer, sondern dem Mutigen.

Auf der anderen Seite darf auch der Staat es sich nicht zu leicht machen. Verbreitete Auflehnung gegen umstrittene Gesetze beweist mangelnde Akzeptanz durch die Bürger, staatliche Autorität wird untergraben und ausgehöhlt. Laxheit im Gesetzesvollzug und opportunistisches Entgegenkommen sind keine angemessene Reaktion, bloßes Durchgreifen ist es auch nicht. Parlament und Regierung sollten aufmerksam prüfen und ihre Entscheidungen daran messen, ob sich Protest nur verweigert oder ob in ihm Neues und Zukunftsträchtiges durchbricht. Politische Aktionen müssen, „auch wenn sie rechtswidrig sind und den dafür vorgesehenen Sanktionen unterliegen ..., als Anfragen an Inhalt und Form demokratischer Entscheidungen ernstgenommen werden."[46]

9.3 Ziviler Ungehorsam

Ordnungsverstöße sind mehr oder weniger unvermeidliche Begleiterscheinungen politischer Aktionen. Sie werden, vor allem bei Demonstrationen, in sozialerträglichen Grenzen durch das Grundrecht der Versammlungsfreiheit gedeckt und sind von den Betroffenen hinzunehmen.

Beim zivilen Ungehorsam gewinnen Regelverstöße eine andere Qualität, denn für ihn sind sie nicht mehr nur in Kauf genommene Nebenwirkungen, sondern ausdrücklich gewollt und als solche Kernstück der Aktion. So wird beispielsweise eine Demonstration zu einem Akt zivilen Ungehorsams, wenn sie den Verkehr nicht nur behindert, um für das eigene Vorhaben hinreichenden Entfaltungsraum zu gewinnen, sondern wenn bestimmte Wege oder Zugänge gezielt versperrt oder bestimmte Transporte gezielt be- oder verhindert werden.

Die Definition des zivilen Ungehorsams sind vage und verwirrend. Sie siedeln ihn irgendwo zwischen legalen Protestformen und dem Widerstand des Art. 20 Abs. 4 Grundgesetz an. Einige reklamieren den zivilen Ungehorsam für Protestformen, die sich bei großzügiger Abwägung noch als rechtlich hinnehmbar einstufen lassen, andere wollen gerade jede Harmonisierung vermeiden und setzen auf den besonderen Appellcharakter strafbaren Handelns. Wieder andere wollen nur so weit gehen, daß die Öffentlichkeit mehr durch polizeiliche und justizförmige Reaktionen aufgeschreckt wird als durch die Unrechtshandlung.

---

[46] EKD-Denkschrift, S. 22

Ziviler Ungehorsam begreift sich als Methode zur Änderung gesellschaftlicher Verhältnisse und zur Verhinderung gefährlicher Entwicklungen. Gehorsamsverweigerungen und provokatorischer Gesetzesverstoß sind bewußte Mittel, Unrecht anzuprangern. Dabei wird unterschieden zwischen revolutionärem und reformbedachtem Ungehorsam, „der reformbedachte ... wendet sich gegen einzelne Gesetze, ... der revolutionäre gegen das gesamte Herrschaftssystem".[47]

Der zivile Ungehorsam wird als „die höchste und gefährlichste Eskalationsstufe im gewaltfreien Widerstand" bezeichnet, das verbiete seinen Einsatz, solange noch legale Mittel erfolgversprechend sind, die dramatische Zuspitzung sei erst letzter Weg, eine Wendung herbeizuführen.

Der zivile Ungehorsam will nicht direkt durch Überwältigung den Vollzug staatlicher Entscheidungen verhindern, sondern politisch wirken und überzeugen, dies allerdings, um die appellative Kraft zu stärken, durch gezielten Rechtsbruch.

Der zivile Ungehorsam bricht mit dem Grundsatz freiheitlicher Demokratie, daß nur in intellektuellem Kräftemessen die politischen Entscheidungen vorbereitet werden sollen, und greift auf andere Beeinflussungsmittel zurück. In die Nähe der Machtfrage wird gerückt, was auf argumentativem Wege nicht erreichbar ist.

Der zivile Ungehorsam begreift sich als gewaltfreie Aktion. Die Aussagen zur Gewalt weisen allerdings eine beträchtliche Bandbreite aus. Gewalt gegen Sachen wird weniger strikt abgelehnt als Gewalt gegen Personen und der Gewaltbegriff häufig so eng gefaßt, daß nach allgemeinem Verständnis durchaus gewaltsame Verhaltensweisen außen vor bleiben.

Ziviler Ungehorsam kann Indifferente und Unschlüssige erfassen und bedeutende sittliche Energien für politische Ziele freisetzen. Er kann Massen solidarisieren und den Sinn dafür stärken, daß nicht alle Methoden der Politik erlaubt sind. Ziviler Ungehorsam kann die verantwortlichen Politiker dazu bringen, einzulenken und mehr Gerechtigkeit zu schaffen. Der hohe ethische Anspruch, den seine Befürworter erheben, muß sich allerdings der Frage stellen, ob nicht ziviler Ungehorsam an bestimmte Bedingungen gebunden ist und daher als allgemeine Empfehlung fragwürdig wird, ob nicht die morali-

---

[47] Ebert, Gewaltfreier Aufstand, S. 40

sche Kraft der Aktionen bei allzu großer Ausdehnung in die Breite sinkt, und schließlich, ob nicht politische Engführung und Sektierertum drohen.

Die Teilnehmer an Aktionen des zivilen Ungehorsams sollen nach dem Selbstverständnis für die Folgen einstehen und Strafe akzeptieren. Auch dies wird jedoch mit unterschiedlicher Deutlichkeit vertreten. Es gibt Versuche, den zivilen Ungehorsam auch vor dem Strafgesetz zu rechtfertigen und damit dem Täter das Risiko der Strafe weitgehend abzunehmen, sei es durch Berufung auf den Notstandsparagraphen des Strafgesetzbuches (§ 34), sei es durch Verwendung einer Formel, die Ralf Dreier empfiehlt: „Wer allein oder gemeinsam mit anderen öffentlich, gewaltlos und aus politisch-moralischen Gründen den Tatbestand einer Verbotsnorm erfüllt, handelt grundrechtlich gerechtfertigt, wenn er dadurch gegen schwerwiegendes Unrecht protestiert und sein Protest verhältnismäßig ist.“[48]

Mit dieser Formel wird gezielte Rechtsverletzung zur erlaubten Tat erhoben und werden strafrechtliche Normen flexibilisiert. Ein ganzer Bereich wird strafrechtlich freigestellt. Die Entscheidung, was schweres Unrecht ist, wird bereits vorausgesetzt. Was mit Hilfe des zivilen Ungehorsams gerade erst erreicht werden soll, wird vorweggenommen. Das aber heißt, die Dinge auf den Kopf stellen. Was dem zivilen Ungehorsam heute als Leitvision vorschwebt, mag morgen geltendes Recht sein, ziviler Ungehorsam kann sich als Geburtshelfer neuen Rechts erweisen, darf aber nicht selbst Recht setzen.

In seiner Entscheidung zu § 240 StGB nimmt das Bundesverfassungsgericht auch dazu Stellung, ob Sitzblockaden als rechtmäßig anerkannt werden können, wenn sie den an zivilen Ungehorsam zu stellenden Anforderungen genügen.

Übereinstimmend stellt das Gericht aber fest, keinesfalls reiche die Qualität einer Sitzblockade als Akt zivilen Ungehorsams aus, „um gezielte und bezweckte Verkehrsbehinderungen ... als rechtmäßig zu legitimieren und es den staatlichen Organen zu verwehren, sie als ordnungswidrig oder strafbar zu behandeln.“ Das könne „zumindest dann nicht in Betracht kommen, wenn die Aktionen des zivilen Ungehorsams wie bei Verkehrsbehinderungen in die Rechte Dritter eingreifen, die ihrerseits unter Verletzung ihres Selbstbestimmungsrechts als Instrument zur Erzwingung öffentlicher Aufmerksamkeit

---

48 in: Glotz (Hg.), Ziviler Ungehorsam im Rechtsstaat, Frankfurt 1983, S. 60

benutzt werden. Dabei bliebe zudem außer acht, daß zum Wesen des zivilen Ungehorsams nach Meinung seiner Befürworter die Bereitschaft zur symbolischen Rechtsverletzung gehört, daß er also per definitionem Illegalität mit dem Risiko entsprechender Sanktionen einschließt als Mittel, auf den öffentlichen Willensbildungsprozeß einzuwirken. Angesichts dieser Zielrichtung erschiene es widersinnig, den Gesichtspunkt des zivilen Ungehorsams als Rechtfertigungsgrund für Gesetzesverletzungen geltend zu machen."

Dem Bürger, der Rechtsverletzung für seine Pflicht hält, muß zugemutet werden, die Strafe anzunehmen. Er macht es sich zu einfach, wenn er die Strafe güterabwägend wegargumentieren läßt. Den Widerspruch zwischen positivem Recht und seinem moralischen Imperativ muß er aushalten. Ohne Zivilcourage ist ziviler Ungehorsam substanzlos.

Das Konzept des zivilen Ungehorsams ist kein Freibrief für politisch motivierten Rechtsbruch. Der Versuch, aus Rechtsbruch Kapital zu schlagen, untergräbt das Recht. Der zivile Ungehorsam gibt, wenn er sich zum Vorreiter einer allgemeinen Geringschätzung des Legalitätsprinzips macht, eine historische Errungenschaft preis. Wer selektiven Rechtsgehorsam übt, gefährdet gerade die Liberalität, der er verdankt, daß er nicht schweigen muß.

Ziviler Ungehorsam, den der einzelne übt, ist allein seine Sache. Der einzelne kann zugleich verfassungstreu und punktuell ungehorsam sein. Beim organisierten, massenhaften Ungehorsam ist das nicht so sicher. Massenhafter Ungehorsam zielt dahin, demokratische Willensbildung durch die Macht derer zu ersetzen, die ihre Sache mit entschlossener Intoleranz verfechten, die Fessel der Gesetzestreue am unbedenklichsten abwerfen und das Gemeinwesen durch Regelverletzungen am empfindlichsten zu treffen vermögen.

Die Behauptung, es gehe um Lebensfragen, rechtfertigt dies nicht. Die Berufung auf Lebensfragen stünde dann auch anderen mit ganz anderen Meinungen und Zielen frei. Der Freiheit droht Gefahr und dem Staat Lähmung, wenn es anerkannte Praxis wird, durch massenhaften Ungehorsam bestimmten Überzeugungen Geltung zu verschaffen.

Weder Exekutive noch rechtsprechende Gewalt sind befugt, den gewollten Rechtsbruch zur legalen Tat zu erklären. Sie sind allerdings schlecht beraten, wenn sie zivilen Ungehorsam vorschnell und holzschnittartig als anarchisch abtun und dabei die von ihm ausgehenden Signalwirkungen übersehen. Eine ihre Freiheitswerte verteidigende, streitbare Ordnung muß stets zugleich um das Verständnis der ungehorsamen Bürger ringen und darf auch diejenigen nicht ausgrenzen, denen sie mit der Autorität ihrer Macht entgegentritt.

Eine Brücke des Verständnisses oder doch der Annäherung zwischen Gegnern und Befürwortern des zivilen Ungehorsams scheint möglich. Dazu müssen die Gegner anerkennen, daß ziviler Ungehorsam Demonstration für ein besseres Recht sein kann und daß in ihm Gerechtigkeitsvorstellungen wirken können, die in den Grundprinzipien der Verfassung wurzeln. Die Befürworter müssen vom Podest eines unmittelbar souverän auftretenden Staatsbürgers heruntersteigen und ihrerseits anerkennen, daß sich ein ethischer Gesinnungsrigorismus der gesellschaftlichen Verantwortung zu stellen hat, und sie müssen sich vor allem bewußt bleiben, daß ihre Vorstellungen von Gerechtigkeit erst durch die zuständigen staatlichen Organe in den Buchstaben direkt anwendbaren Rechts zu übersetzen sind. Fanatiker tun sich schwer, diesen Weg aufeinander zuzugehen.

9.4 Terror

Terror ist die Extremform politischer Aktionen. Der Terrorist will die Welt durch Schrecken verändern und hofft, sie mit seinen Gewalttaten ein für allemal von Konflikten zu befreien. Jedes Mittel ist recht, um die politischen, sozialen und militärischen Ziele zu erreichen, kein Opfer, auch kein Selbstopfer, zu hoch. Der Terrorist will keine Reform, keine schrittweise Veränderung und erst recht keinen pragmatischen Kompromiß. Das geltende Recht wird verachtet; neues revolutionäres Recht soll auf den Trümmern wachsen.

Dahinter steht ein eschatologisches Grundverständnis. Eschatologie als Lehre von den letzten Dingen weist auf die apokalyptischen Ereignisse beim Untergang der alten Welt und kündigt zugleich den neuen Himmel und die neue Erde an – „Siehe, ich mache alles neu", heißt es im letzten Buch der Bibel. Eschatologie weiß von der großen Veränderung. Dieser Begriff der großen Veränderung bestimmt, weltlich verformt, den Terror, und zwar nicht erst den Terror unserer Tage. Der gewaltsame Aufbruch ist der erste Schritt in eine neue Welt, Ungeduld treibt in den Aktionismus der Vollstreckung. Terror zittert vor Erwartung, lebt von der Hoffnung, daß die gezündeten Explosionen die schlechte Welt zerstören und einer neuen, besseren den Weg bereiten.

Der Terrorist sieht sich im Kriege mit dem Staat und will als Bürgerkriegspartei anerkannt werden. Kriminelle Verbrechen werden als politisch zielgerichtet gerechtfertigt. Da der Staat Unrecht verkörpert, habe er verdient, mit Verbrechen bekämpft zu werden. Die Figur des Veränderers wird zum gerechten Mörder. „Monopolbesitz der Tugend panzert den Terror mit dem guten Gewissen."[49] Heilsgewißheit verbindet sich mit menschlicher Scheußlichkeit. Ein wohlbedachtes Vokabular sucht flankierend Scheinlegitimität.

Terror ist keine gewöhnliche Kriminalität. „Niedrige Raub- und Mordgier" im Sinne des Strafgesetzbuches erklären ihn nicht. Dem widersprechen Motive und Antriebe: Glaube an die Zerstörung als elementare Methode gesellschaftlicher Veränderung, Abenteurertum, Verschwörereifer, Gefühl der Solidarität und Auserlesenheit, Sensibilität für Ungerechtigkeit, Verzweiflung und Haß. Dies mindert nicht die Schuld der Terroristen. Kein ethisch verklärender Effekt des Gesinnungsprivilegs kann sie von der Verantwortung für die Bedrohung der Staats- und Rechtsgemeinschaft entlasten. Wer dennoch einer romantischen Faszination unterliegt, verkennt den zutiefst inhumanen Charakter des Terrors.

Der Rechtsstaat tut sich schwer, den Terror zu bekämpfen, weil ihm in der Wahl seiner Mittel Grenzen gezogen sind. Das bedeutet zeitweise Schwäche und Ohnmacht, macht aber auf Dauer seine Stärke und Überlegenheit aus.

Der Rechtsstaat greift in der Abwehr des Terrors zu kurz, wenn er ihm nur in den Kategorien von Sicherheit und Ordnung begegnet. Die Pathologie des Hasses verlangt auch eine politische Antwort. Die offenen Briefe der Brüder von Braunmühl an die Mörder sind ein solcher Versuch, der Respekt verdient.

Terror berüht die Bewußtseinslage der staatlichen Gemeinschaft, kann die Emotionen hochpeitschen und ein Klima der Abwehr schaffen, das Besonnenheit und Sinn für Maß schwinden läßt. Terror kann, wenn alle Sicherungen versagen, neben dem eigenen Grab auch das Grab der Demokratie schaufeln.

Nichtterroristische politische Aktionen sind häufig dem Vorwurf ausgesetzt, sie seien, wenn auch ungewollt, Schrittmacher des Terrors. Auch das Gegenteil kann der Fall sein. Die Teilnahme an legitimen politischen Aktionen kann zum letzten Schutz gegen totale Frustration werden und dadurch vor dem endgültigen Abgleiten in einen Verzweiflungsaktionismus bewahren.

---

[49] Krockow, Gewalt für den Frieden, München 1983, S. 11

C. Einzelfelder

Die auf den Gesamtbereich politischer Aktionen zielenden Überlegungen sind zu ergänzen durch den Blick auf Einzelfelder mit ihren besonderen Gegebenheiten.

10. Bürgerinitiativen

Kirchliche Mitarbeiter und engagierte Christen finden reiche Betätigung in den vielfältigen Bürgerinitiativen unserer Tage. Bürgerinitiativen sind nichts grundsätzlich Neues, bestimmen jedoch die politische Landschaft in relevantem Umfang erst seit den 70er Jahren. Seitdem haben sie sich zu einem „Schlüsselbegriff der auf mehr Partizipation und Demokratisierung gerichteten Grundströmung unserer Gegenwart"[50] entwickelt.

Bürgerinitiativen entstehen meist aus aktuellem Anlaß bei mangelndem Vertrauen in den Staat, mit bestimmten Gefährdungen und Einbußen an Lebensqualität überzeugend fertig zu werden. Sie sind durchweg lose Gruppenbildungen, von einem gemeinsamen Ziel auf Zeit zusammengehalten. Der Organisationsgrad nimmt allerdings mit der Bestandsdauer zu und kann ein Maß erreichen, das den Unterschied zu Vereinen, Verbänden oder Parteien verwischt. Die Partei der Grünen ist ohne den Vorlauf zahlloser Bürgerinitiativen schwer vorstellbar.

Die Aktivitäten gelten vor allem der Exekutive. Das ist hierzulande neu, denn traditionell wirkt bei uns Demokratie im Bereich der Legislative. Verwaltet wird nach wie vor mit einer gewissen Selbstverständlichkeit autoritär, von oben nach unten. Der Einfluß des Bürgers ist höchst indirekt und beschränkt sich weitgehend auf die Kontrollbefugnisse der von ihm gewählten Parlamente, die ihrerseits

---

[50] Sontheimer, Bürgerinitiativen – Versuch einer Begriffsbestimmung, in: Guggenberger/Kempf (Hg.), Bürgerinitiativen und repräsentative Demokratie, Opladen 1984, S. 97

auch nur die Spitzen der Behörden erreichen. Die Souveränität des Bürgers geht durch viele Filter und scheint im praktischen Vollzug staatlichen Handelns oft kaum noch durch.

Hier setzen die Bürgerinitiativen ein. Sie sind entgegen mancher kurzatmiger Befürchtung kein Sprengsatz, sondern Indikator von Funktionsschwächen der repräsentativen Verfassung. Zugleich bieten sie Elemente einer Therapie: In Bürgerinitiativen sucht sich Unzufriedenheit immerhin noch demokratische Kanäle. Partizipationspotential, das Parteien und Verbände nicht mehr erfassen, wird gebunden. Bürgerinitiativen nehmen Oppositionsfunktion wahr, denen die parlamentarische Opposition nicht gerecht wird. Sie fordern größere Flexibilität im Umgang mit den kleinen lokalen Benachteiligungen und Problemen, die für die Allgemeinheit am Rande liegen mögen, für die betroffenen Bürger aber höchst wichtig sein können. Sie geben Impulse für politische Auseinandersetzungen um Ziele der gesellschaftlichen Entwicklung und üben schließlich eine Transportfunktion aus, indem sie vorort sichtbar werdende, dort aber nicht lösbare Probleme auf eine höhere politische Entscheidungsebene zurückbringen.

Bürgerinitiativen sind nach alledem Ausdruck demokratischer Gesundheit und Gegengewicht gegen staatliche Arroganz. Gewiß machen sie das Regieren umständlicher, doch die Qualität des Regierens muß darunter nicht leiden. Zwang zu wiederholtem Nachdenken kann hilfreich sein.

Neben unbestreitbaren Verdiensten gibt es deutliche Risiken, die es verbieten, Bürgerinitiativen uneingeschränkt demokratische Verläßlichkeit zu attestieren und ihre Erfolge schlankweg mit Erfolgen der Demokratie gleichzusetzen.

Bürgerinitiativen sind oft weniger initiativ, als ihr Name es verspricht. Auch das progressive Erscheinungsbild mancher Mitstreiter kann den überwiegend konservativen Charakter vieler Initiativen, die weniger Neues anstoßen als vielmehr Belästigungen aller Art vom eigenen Wohn- und Lebensbereich fernhalten wollen, nicht verdecken. Konservative Grundmuster, die Tendenz, Lokalinteresse mit Allgemeinwohl gleichzusetzen, und eine Haltung des „Überall, nur nicht hier" bringen Bürgerinitiativen leicht in eine Schieflage.

Von ihrem Selbstverständnis her kollidieren sie zwangsläufig mit zwei Grundprinzipien, die Demokratie überhaupt erst lebensfähig machen: mit der Formalisierung des politischen Entscheidungsprozesses und mit dem Mehrheitsprinzip. Formaldemokratie ist ein bei politischen Aktionen gängiges Schimpfwort. Erfolgswille direkter Aktionen kontrastiert mit der Mühsal und Unverzichtbarkeit des schwierigen, kompromißbedürftigen Ringens um den richtigen Weg. Wohl gibt es ein vages Verlangen nach erweiterter und vertiefter Demokratie, doch Bürgerinitiativen wollen meist als Sprecher von Minderheiten durch Druck Entscheidungen erzwingen oder umstoßen und nicht erst auf dem Wege über langes Verhandeln und Stimmzettel. Ihre eigene innere Verfassung orientiert sich schwerlich an demokratischen Grundsätzen, abgestimmt wird selten, geheim schon gar nicht. Akklamation ist überzeugender und reißt mehr mit. Die Strukturen sind meist oligarchisch, ohne reguläre Wahlen gebildete Kerngruppen erweisen sich als die eigentlichen Initiatoren, Planer und Lenker.

Aus der unübersehbaren Vielzahl von Bürgerinitiativen können, gewollt oder im Sog der Ereignisse, Steppenbrände entstehen, die das Regieren nicht mehr nur erschweren, sondern lähmen, die die demokratischen Barrieren gegen Machtmißbrauch einreißen und unkontrollierbaren Bewegungen Bahn brechen.

Die Bereitschaft kirchlicherseits, in Bürgerinitiativen mitzutun, ist weder zufällig noch verwerflich. Die Leidenschaft, für das Humanum ganz konkret hier und heute einzutreten, der Drang, verkrustete Strukturen aufzubrechen, aber auch die geringe Neigung, in Kategorien des Rechts zu denken und die verpflichtende Kraft des Formalen anzuerkennen, verbinden beide Seiten. Kirchliche Mitarbeiter und Gemeinden handeln leichtsinnig, wenn sie die instinktive Sympathie, die jedermann dem im Streit mit einer übermächtigen Bürokratie liegenden Bürger entgegenbringt, zur alleinigen Richtschnur ihres Einsatzes machen.

11. Asyl

11.1 Innerstaatliches Asyl

Leitmotiv vieler politischer Aktionen ist der Asylgedanke. Wenn Menschen vor als unmenschlich empfundenem Zugriff des Staates bewahrt werden sollen, wenden sich die Akteure oft mit der Bitte um Unterstützung auch an die Kirche. Eine nach eigenem Anspruch gastfreie Kirche müsse bereit sein, in ihrer Menschenwürde bedrohten Mitbürgern Schutz zu gewähren. Asyl für Verfolgte sei uraltes kirchliches Recht und verpflichte die Kirche bis heute. Versäumnisse wie gegenüber den Juden im Dritten Reich dürften sich nicht wiederholen.

Das Asylrecht gründet im Bereich des Magischen und Sakralen. Nach einer heute noch zutreffenden Aussage von Wallon aus der Mitte des vorigen Jahrhunderts[51] ist es ein „Recht der Berufung, der Berufung an Gott als Vertreter des Rechts, Berufung gegen die menschliche Gerechtigkeit, gegen den menschlichen Rechtsmißbrauch ... dem gemeinen Recht übergeordnet, nicht um es zu bekämpfen, sondern es zu bewahren, zu ergänzen und zu berichtigen". In dieser Funktion wirkt das Asylrecht im eigenen Land und schützt es hier den Verfolgten.

Das Wort stammt aus dem griechischen Kulturkreis, „asylos" bedeutet das, was nicht ergriffen werden kann, der „asylos topos" ist ein von Beschlagnahme freier, unverletzlicher Ort, von dem Personen und Sachen nicht weggeführt werden dürfen. In der Antike waren Altäre, Tempel, Haine durch besondere Verleihung mit Asylqualität begabt. Im römischen Reich boten auch Kaiserstatuen Schutz vor Verfolgung. Bruch des Asylrechts galt als Frevel, weltliche Formen, Recht durchzusetzen, waren in der Sphäre des Heiligen ausgeschlossen.

Ähnliche Vorstellungen gab es im germanischen Rechtskreis. Dort verband sich der Asylgedanke mit dem Gedanken des Gottesurteils. Erreichte ein Schutzsuchender den Schutz des Heiligtums, wurde dies zu seinen Gunsten als Gottesurteil gewertet. Der Mann, der das Heiligtum betrat, war „heilagr" – heilerfüllt, hatte Verbindung mit der hier wohnenden Gottheit, diese Verbindung durfte von außen nicht gestört werden. Eine Auslieferung war dennoch nicht ausgeschlossen, der Flüchtige aber vor Todes- und verstümmelnder Strafe geschützt.

Im Alten Testament sprechen einige Psalmen davon, daß der Verfasser vor seinen Widersachern ins Heiligtum geflüchtet sei und dort Schutz genieße. Im Psalm vom Guten Hirten erscheint Jahwe als der gütige Gastgeber, der einem Verfolgten den Tisch deckt und auf diese Weise unter seinen Schutz nimmt. Dem Gast wird das Haupt mit Öl gesalbt, voll wird ihm der Becher eingeschenkt. Er wird beim Opfer Mahlgenosse Jahwes. Der gefährdete Beter hat Jahwes Schutz erfah-

---

[51] Du droit d'asile 1837, zitiert nach Randelzhofer, Rdnr. 1 zu Art. 16 Abs. 2, in: Mauz-Düring, Grundgesetzkommentar

ren und möchte allezeit im Bezirk des Heiligtums bleiben. In der israelitischen Tradition wurde das Asyl als Wohltat für die Rechtsgemeinschaft empfunden, weil es das Leben des einzelnen vor übereiltem Zugriff schützte. Zeitliche Befristung des Asyls brachte zum Ausdruck, daß nicht vor Urteil und Strafe, wohl aber vor dem Urteil vorgreifender Affekthandlung und Rache Schutz gewährt werden sollte.

Nach Konstantin erkannte das Römische Reich das Asylrecht der christlichen Kirche offiziell an. Das Römische Recht legte fest, daß bestimmte Personen, die in Kirchengebäude geflüchtet waren, nicht gegen ihren Willen daraus entfernt werden durften, während der Bischof wohl das Recht, nicht aber die Pflicht hatte, ihren Aufenthalt zu dulden. Die vom Staat akzeptierte bischöfliche Aufgabe der intercessio wurde von der alten Kirche angesichts der als hart empfundenen Strafrechts- und Strafvollzugsordnung in ihre Asylpraxis einbezogen, um den christlichen Appell zur Barmherzigkeit gegenüber dem Schuldiggewordenen in der Strafverfolgung zur Geltung zu bringen.

Im Mittelalter geriet das Mandat der Kirche, Asyl zu gewähren, in Verfall. Die Kirche selbst schränkte es ein.

Der Konflikt zwischen religiösem und staatlichem Recht wurde unausweichlich. Er konnte auf die Dauer nicht bestehen bleiben, und zwar um so weniger, als das Asyl, weil es auch von rechts wegen Verfolgten Zuflucht bot, als eine Verkehrung von Recht und Gerechtigkeit erschien.

Der moderne, weltanschaulich neutrale Staat ist von seinem Selbstverständnis her gehindert, die Urform des Asyls im eigenen Lande zu dulden. Da jedem Bürger, auch dem Rechtsbrecher und Verfolgten, dem Fremden und Außenseiter, Rechtsschutz und damit Schutz der persönlichen Würde grundsätzlich gewährt wird, kann der demokratische Rechtsstaat keine rechtsexemten Zonen des Asyls zugestehen, ein individuelles innerstaatliches Asylrecht gibt es nicht mehr. Die Staatsgewalt erstreckt sich auf alle Personen und Sachen im Staatsgebiet, daran erweist sich ihre Souveränität. Seit der Wende vom 18. zum 19. Jahrhundert, in Preußen seit dem Allgemeinen Preußischen Landrecht, gibt es kein internes Asylrecht mehr.

Kirchengebäude machen hier keine Ausnahme. Kirche ist dort, wo das Evangelium gepredigt und gehört wird. Wir haben Abschied genommen von der Vorstellung, Orte und Zeiten könnten heilig sein. Kirchengebäude sind kein aus der Welt ausgesparter sakraler Bezirk.

Die katholische Kirche hat bis in die jüngste Vergangenheit an für Gottesdienste geweihten Orten – loca sacra – für sich Hoheitsgewalt beansprucht und die Entfernung eines Menschen, der dort Asyl sucht, von ihrer Zustimmung abhängig gemacht. Bei der Neufassung des CIC 1983 wurde dieser vom Staat ohnehin nicht anerkannte Anspruch fallengelassen.

Mit Aufhebung des internen Asylrechts erlischt der Asylgedanke nicht vollends. Deutliche Spuren finden wir noch im geltenden Recht. So vor allem im gesetzlichen Schutz der Schweigepflicht des Seelsorgers, des Arztes, des Rechtsanwalts. Die Rechtsordnung erkennt an, daß Seelsorge, ärztliche Versorgung und rechtliche Betreuung Vertrauen des jeweiligen Klienten in die Verschwiegenheit des Partners voraussetzen, und gibt daher der Sicherung des Gesprächsfreiraums Vorrang vor dem öffentlichen Interesse an der Ausforschung bestimmter Sachverhalte. Indem der Staat die Schweigepflicht respektiert, gewährleistet er mit seinen Mitteln eine Tabuzone. In den gleichen Zusammenhang gehören Brief-, Bank- und Steuergeheimnis, denn auch sie wahren Freiräume und verbieten den Einblick Dritter.

Vor allem aber ist die Kirche mit Aufhebung des kirchlichen Asyls nicht aus der Pflicht entlassen. Es bleibt ihre Aufgabe, Verfolgten beizustehen. Interzession – Dazwischentreten – ist immer und überall dort, wo Unmenschlichkeit droht, ihre Aufgabe. Sie muß bergenden Schutz geben. Die Kirche kann heute nicht wie die Bischöfe der alten Kirche bestimmte Verhaltensweisen des Staates einklagen. Wer zu ihr flüchtet, unterliegt nicht ihrer Verfügungsmacht. Sie kann weder dem Staat noch dem Flüchtling Bedingungen stellen. Das macht sie vordergründig schwächer, zugleich aber freier und damit stärker. Wenn sie den Asylgedanken als Ausfluß christlicher Nächstenliebe und Gastfreundschaft wachhält, stärkt sie den Widerstand gegen Trägheit und Lieblosigkeit. Indem die Kirche die unantastbare Menschenwürde auch des letzten Flüchtlings als Ebenbild Gottes betont, mobilisiert sie Kräfte, die sonst unter den Trümmern der Geschichte unterzugehen drohen. Sie vermittelt im Kampf zwischen Recht und Unrecht den transzendenten Bezug, ohne den Menschen auf Dauer nicht menschenwürdig zusammenleben können.

Trotz der klaren Rechtslage, nach der Kirchengebäude keine rechtsfreien Räume mehr sind, ist die Vorstellung eines Freiheitsraumes zugunsten der Menschenrechte, Achtung vor der Würde eines jeden Raumes, in dem Gottesdienst gehalten wird, bis heute lebendig. Alte Tabuvorstellungen wirken fort. Eine Grundstimmung billigt der Kirche Schutzraumfunktion zu und begegnet ihr mit entsprechenden Erwartungen. Dieser de-fato-Respekt wird weithin auch staatlicherseits geübt – der Fall Aviola, Festnahme einer Ausländerin in einer Hamburger Kirche im Oktober 1984 war eine auch innerkirchlich umstrittene Ausnahme. Er ist kein Privileg, auf das die Kirche Ansprüche stützen, wohl aber ein Pfund, mit dem sie wuchern kann.

Wenn jemand vor staatlichem Zugriff Schutz in kirchlichen Räumen sucht, wird die Kirche im Gespräch nach menschenwürdigen Auswegen suchen. Während der Staat mehr die allgemeinen Aspekte im Auge halten muß, wird sie die besondere Lage eben dieses Einzelfalles ins Bewußtsein heben. Die Kirche soll die staatlichen Organe nicht „disqualifizieren, wenn es darum geht, dem Genüge zu tun, was für Recht erkannt werden muß und mit angemessenen Mitteln durchgesetzt werden soll. Es muß jedoch unbestrittene Aufgabe der Kirche bleiben, auf menschliche Rechtspraxis zu drängen“.[52]

Spektakuläre Aktionen der Kirche sind dabei selten hilfreich, den eigenen Weg und Stil sollte sie sich nicht von politischen Aktionen vorschreiben lassen. Einzelfälle sollten nicht unnütz zu Präzedenzfällen hochgespielt werden. Dadurch werden sie unter Umständen nur noch schwerer lösbar und verbauen die Lösung künftiger Fälle. Es ist, zumal in rechtlich schwacher Position, unklug, den Partner, den man für Auswege aus dem Konflikt gewinnen will, zuvor publikumswirksam zu beschimpfen. So läuft nichts, oder wenn doch unter Druck heute etwas erreicht wird, verhärten sich die Fronten morgen.

Bei Konflikten von öffentlicher Tragweite läuft die Kirche Gefahr, von denen, die sie um Hilfe angehen, mißbraucht zu werden. Das erlaubt nicht, „ihren Dienst im voraus zu verweigern. Doch es ist ihre Pflicht, in den eigenen Räumen die Würde, das heißt die Freiheit und die Ordnung des Gesprächs aufrechtzuerhalten. Sie darf sich als Hort weder der Gewalttat, der Unordnung und des Aufruhrs, noch der Unterdrückung oder Bespitzelung mißbrauchen lassen.“[53]

---

[52] Krusche, Synode der NEK, November 1985
[53] Theol. Fakultät Universität Zürich, Kirchl. Raum – Asylraum – Freiraum, epd-Dokumentation 17a/81

11.2 Völkerrechtliches Asyl

Neben dem innerstaatlichen Asylrecht hat sich schon früh ein Asylrecht zwischen Staaten entwickelt. Sein Ursprung ist nicht religiöser Art. Hier geht es darum, daß ein Staat aufgrund eigener Souveränität das Recht beansprucht, dem Flüchtling aus einem anderen Land Zuflucht zu gewähren. Aus dieser zunächst zwischen den griechischen Stadtstaaten geübten Praxis hat sich in einer allerdings nicht gradlinig verlaufenden Entwicklung – zeitweise wurden gerade politische Straftäter und politisch Verfolgte von der Schutzgewährung ausgenommen – das völkerrechtliche Asyl herausgebildet. Es ist kein subjektives Recht des Schutzsuchenden, sondern allein Recht des schutzgewährenden Staates.

Nach 1945 verstärkt einsetzende Bemühungen, das Asylrecht zu einem Individualrecht auszugestalten, sind auf völkerrechtlicher Ebene bisher gescheitert und haben wohl auch in näherer Zukunft keine Chance. Das Grundgesetz hat sich jedoch zum Vorreiter gemacht. Auf dem Hintergrund der belasteten deutschen Geschichte gewährt es in Art. 16 Abs. 2 Satz 2 in ihrer Heimat verfolgten Ausländern einen Anspruch auf vorläufige Heimstatt: „Politisch Verfolgte genießen Asylrecht."

Dieses Asylrecht gehört zu den wichtigen Themen, die zwischen Staat und Kirche immer wieder zu verhandeln sind. Die Kirche darf sich nicht erst durch politische Aktionen drängen lassen. Sie handelt, wenn sie sich vernehmlich zu Wort meldet und gegen unzulässige Verkürzung des Grundrechtes wendet, aus eigenem Auftrag.

Niemand sucht freiwillig in der Fremde Asyl, den Weg in eine ungewisse Zukunft tritt nur an, wer aus seiner Bedrängnis keinen anderen Ausweg weiß. Flüchtlinge wird es daher immer geben, solange Staaten Bürger verfolgen oder zulassen, daß sie verfolgt werden, und solange einem großen Teil der Menschen menschenwürdiges Leben versagt wird. Wir müssen uns darauf einrichten, daß Asylbewerber immer wieder zu uns kommen. Wie wir mit ihnen umgehen, bleibt Prüfstein unserer politischen Moral. Die öffentliche Meinung ist den Asylbewerbern hierzulande nicht günstig gesonnen und an den Fluchtgründen nur wenig interessiert. Das Asylrecht braucht aber den Konsens einer großen Mehrheit der Bürger. Wächst die Zahl derer, die ohne Not etwas abzumarkten suchen, geht ein Stück Glaubwürdigkeit verloren.

Für breite Akzeptanz des Asylrechts zu werben, ist gemeinsame

Aufgabe des Staates, der einen Verfassungsauftrag notfalls auch gegen den vermeintlichen Zeitgeist zu verwirklichen hat, und ist Aufgabe der Kirche, die die Gewissen schärfen und, wo immer Unmenschlichkeit droht, auch heute ihre Interzessionspflicht wahrnehmen soll.

12. *Besetzungen*

12.1 Kirchenbesetzungen

Im breiten Spektrum von Besetzungen berühren Kirchenbesetzungen die Kirche hautnah. Jede Besetzung ist nach Personenkreis und Zielsetzung, Methode, Gefährlichkeit und örtlichen Gegebenheiten anders und verlangt eine je besondere Antwort. Verbindliche Verhaltensmuster gibt es nicht.

Kirchenbesetzungen sind nach staatlichem und kirchlichem Recht unzulässig, erfüllen den Tatbestand des Hausfriedensbruchs, andere Straftatbestände können dazukommen. Rechtswidrig ist die Besetzung unabhängig von den Zielen der Besetzer, Motive ändern das Recht nicht, der Zweck heiligt auch bei honoriger Gesinnung nicht die Mittel. Motive und Gesinnung können allerdings für die Einschätzung der Lage wichtig sein, doch das ist schwankender Boden. Objektive Kriterien gibt es nicht und subjektive führen leicht in die Zone der Willkür.

Die Rechtswidrigkeit ihres Vorgehens sollte den Besetzern von vornherein unmißverständlich vorgehalten werden. Widerstandslose Hinnahme darf nicht in Zustimmung umdeutbar sein. Dulden heißt nicht billigen. Sonst rückt das Ja zur Gewalt gefährlich nah.

Kirchenbesetzungen fördern den Trend, mit Druck durchsetzen zu wollen, was im Gespräch nicht durchsetzbar scheint. Auf dem Spiel steht mehr als die zeitweise Belastung der betroffenen Gemeinde. Es kommt nicht allein darauf an, die Besetzung möglichst rasch zu beenden, sondern es geht immer zugleich um den übergreifenden Versöhnungsauftrag der Kirche und um ihr Eintreten für das Humanum in der Welt. Die Kirche darf weder durch unbedenkliches Gewährenlassen noch durch borniertes Pochen auf law and order dazu beitragen, daß Aktion und Reaktion sich gegenseitig aufschaukeln und das Klima zusätzlich belasten.

Ziel aller kirchlichen Mühe bei Kirchenbesetzungen kann nur die freiwillige, gewaltlose Räumung durch die Besetzer sein. Um sie zu erreichen, muß die Kirche unter Umständen ihren Preis zahlen. Die Maßstäbe des Abwägens dürfen sich dabei nicht in Taktik erschöpfen und müssen über begreiflichen Ärger die Verbindlichkeit des christlichen Liebesgebotes durchscheinen lassen. Kirche muß auch hier als solche erkennbar bleiben und obendrein bei der Prüfung, wieweit sie die Besetzung hinnehmen kann, bedenken, daß bei Kirchenbesetzungen oft der Asylgedanke mitschwingt. Man sucht einen Schutzraum, um dort ohne Gefahr seine Anliegen ausbreiten zu können. Das kann die Kirche nötigen, auch gegen ihren Willen gastfrei zu sein, und sie an den Rand der Wehrlosigkeit bringen.

Mehrfach hat sich als sinnvoll erwiesen, Besetzungen einfach auszusitzen. Langer Atem steht der Gemeinde Gottes wohl an. Das Ausweichen mit dem Gottesdienst in einen anderen Raum ist ebenso vorstellbar wie die Feier des Gottesdienstes in Gegenwart der Besetzer. Einiges Ungewohnte sollte man hinzunehmen bereit sein.

Dabei gelten für eine Zentralkirche meist andere Kriterien als für eine unauffällige Kirche am Stadtrand. Zentralkirchen sind bevorzugtes Ziel von Besetzern, weil sie hier verstärkte Öffentlichkeitswirkung erwarten, vom Asylgedanken bleibt dann wenig, Instrumentalisierung der Kirche für eigene Zwecke liegt näher. Damit engt sich der Spielraum für vernünftige Lösungen ein.

Wichtig ist die Art der Gesprächsführung mit den Besetzern. Nach Möglichkeit sollte mit ihnen nur über die Räumung geredet werden, doch das läßt sich nicht immer durchhalten. Wenn das Gespräch Brücken schlagen soll und die Besetzer überhaupt auf friedliche Lösungen ansprechbar sind, kann es ungeschickt sein, ihre Anliegen gänzlich auszuklammern. Das Sachgespräch sollte dann aber nicht in der besetzten Kirche, sondern am dritten Ort und in begrenztem Kreis stattfinden.

Auf jeden Fall bleibt das Sachgespräch während der Besetzung fragwürdig. Freiwillige Gesprächsbereitschaft und Erpreßbarkeit liegen dicht beieinander. Die Erkennbarkeit kirchlichen Handelns leidet, wenn die Kirche unter Druck von Besetzern sagt, was sie sonst nicht oder jedenfalls nicht so sagen würde, und wenn sie um des Nahzieles der Räumung willen Erklärungen abgibt, zu denen sie nachher nicht stehen kann oder will. Ebensowenig allerdings darf die Kirche als notwendig erkannte Schritte nur deshalb unterlassen, weil die Besetzer mit unzulässigen Mitteln ähnliches fordern.

Leitenden Amtsträgern ist Zurückhaltung zu empfehlen. Erscheinen sie ohne zwingenden Grund am Ort des Geschehens, womöglich in Begleitung von Fernsehen und Presse, unterstreichen sie die Öffentlichkeitswirkung der Besetzung. Mißverständnisse drohen. Verlangt eine dramatische Situation von ihnen eine öffentliche Erklärung, werden sie andere Wege finden als den Auftritt in der besetzten Kirche.

Wird die Besetzung hingenommen, ist mit verbreiteter Verständnislosigkeit gerade auch kirchentreuer Bürger zu rechnen. Aufgebrachte Gemeindeglieder haben schon zur Selbsthilfe gegriffen und Rollkommandos angeboten. Daher muß die Kirche ihr Handeln am Ort des Geschehens in geeigneter Weise einsichtig machen, durch Einzelgespräche, Handzettel, Pressegespräche oder auch besonders arrangierte Zusammenkünfte.

Neben der großen Mehrheit die Besetzung hart verurteilender Bürger sammeln sich im Umfeld meist auch Sympathisanten, ferner Menschen, die bei zunächst großem Verständnis angesichts des Irrwegs der Besetzer bekümmert sind und um sie bangen. Auch diese Personengruppen verdienen Aufmerksamkeit.

Wichtig ist laufender Kontakt mit den Medien, nicht um die Publizität durch eigene Beiträge noch zu steigern, sondern um dahin zu wirken, daß vernünftig berichtet wird. Wo Sensationspresse die Dinge grell überzeichnet, schadet sie. Wo sie sachlich bleibt, ist sie hilfreich. Erfahrungen belegen beides.

Aus der Rechtswidrigkeit von Kirchenbesetzungen folgt kein Freibrief, die Polizei um Räumung der Kirche zu bitten. Ein solcher Schritt kann nur letzter Ausweg sein, wenn alle anderen Versuche, zu einer friedlichen Räumung zu kommen, fehlgeschlagen sind und ein Andauern der Besetzung schlechthin unakzeptabel ist.

In Berlin ließ im Januar 1980 der Gemeindekirchenrat die Kaiser-Wilhelm-Gedächtniskirche zu mitternächtlicher Stunde durch die Polizei gewaltsam räumen. Dieser Schritt löste heftigen Streit aus. Die einen begrüßten, daß „endlich einmal Flagge gezeigt" wurde, die anderen sahen im Polizeieinsatz ein Zeichen kirchlichen Unvermögens und fürchteten die Preisgabe kirchlicher Glaubwürdigkeit.

12.2 Hausbesetzungen

Hausbesetzungen, das heißt auf Dauer angelegte Inbesitznahme leerstehenden Wohnraums mit dem Ziel, dort eigene Lebensformen zu entwickeln, haben, vor allem in Berlin, die innenpolitische Szene jahrelang maßgebend bestimmt, die Kirche war von Anfang an stark involviert. Die Probleme haben in Berlin an Brisanz verloren, können aber jederzeit wieder aufbrechen. In anderen Städten sind sie bis heute aktuell.

Die Besetzer stammten aus den verschiedensten Minderheits- und Randgruppen, der Anteil von Jugendlichen mit geringem Bildungsniveau war hoch. Aussteiger waren stark vertreten. Es gab Kräfte der Zerstörung und der Lebensverweigerung ebenso wie zukunftswillige und zukunftsfähige Kräfte, bohrenden Haß und menschliche Wärme. Die Motivation reichte vom bewußten politischen Kampf gegen das „System", das sich durch jahrelange Versäumnisse der Politiker und rüde Methoden bestimmter Bauträger und Abschreibungsgesellschaften Blößen gegeben hatte, bis zur Suche nach Gemeinschaft und alternativer Lebensweise. Angst war verbreitet, Mißtrauen gegen den Staat und seine Repräsentanten saß tief. Die Erwartungen an die Kirche hingegen waren erstaunlich hoch. Auch der Staat erwartete von ihr manchmal mehr, als sie zu leisten vermochte.

Die Kirche konnte nur auf ihr zugänglichen Wegen das Gespräch suchen, ihren Rat einbringen und an der Entwicklung konkreter Lösungsmodelle mitwirken. Sie hat eine Türöffnerfunktion ausgeübt und mit großer Geduld Senat, Hausbesitzer, Wohnungsgesellschaften und Hausbesetzer zusammengeführt und dadurch einvernehmliche Lösungen gefördert. Durch behutsame und sensible kirchliche Vermittlung wurden mehrfach kritische Situationen entschärft und dadurch womöglich schlimme Explosionen verhütet.

Vor der angekündigten Zwangsräumung mehrerer besetzter Häuser in Berlin-Kreuzberg wurden in unmittelbarer Nähe der St.-Thomas-Kirche Zelte aufgebaut, um den demnächst auf der Straße stehenden Besetzern jedenfalls eine vorübergehende Bleibe zu bieten und sie dadurch von ausufernden Gewaltakten abzuhalten. Dieses Bild einer „gastfreien Kirche" war erstaunlich, die Aktion riskant, aber erfolgreich. Sie ist kein jederzeit anwendbares Muster, wohl aber Beispiel möglichen kirchlichen Engagements in einer Ausnahmelage.

Natürlich gab es kirchlicherseits auch Fehler. Manchmal mangelte es an der notwendigen Distanz. Publizität wurde hier und da übertrieben. Kirchliche „Paten" besetzter Häuser, die zwar nur kurzfristig, dafür aber spektakulär dort einzogen, waren nicht sehr hilfreich. Die Einsicht, daß Eintreten für Freiräume etwas anderes ist als Eintreten für rechtsfreie Räume, setzte sich nur zögernd durch.

Die Auseinandersetzungen und Hausbesetzungen haben allen Beteiligten bewußt gemacht, daß Rechtsfriede und sozialer Friede untrennbar zusammengehören. Der eine ist ohne den anderen nicht zu haben. Soziale Mißstände und Versäumnisse, wie sie den Hintergrund der Hausbesetzungen bildeten, untergraben das Recht und gefährden den inneren Frieden. Es ist Pflicht der Kirche, auf diesen inneren Zusammenhang hinzuweisen.

13. Aktionen gegen den Wehrdienst

Politische Aktionen zielen, besonders seit dem Nachrüstungsbeschluß vom Herbst 1983, häufig darauf ab, Wehrpflichtige zur Verweigerung des Wehrdienstes zu bewegen. Die Aktionen reichen von Rundbriefen, Handzetteln, Plakaten, gezielten Aufforderungen bis hin zu öffentlichen Appellen, Störungen von Vereidigungen, Manöverbehinderungen und „Belagerungen" militärischer Anlagen. Initiatoren sind vielfach kirchliche Mitarbeiter, im Zentrum der Argumentation steht die Bergpredigt. Der Begriff „Friedensfreund" wird einseitig okkupiert. Es heißt, ein Christ könne kein Soldat und ein Soldat könne nicht mehr Christ sein. Wehrdienst in einem Bündnissystem, das den Frieden mit Massenvernichtungsmitteln sichern will, sei gegen Gottes Gebot, die Heidelberger Komplementärformel mit ihrem berühmten „Noch" eines möglichen Nebeneinanders von Dienst mit und ohne Waffen sei überholt, die Frist sei abgelaufen, das „Nein ohne jedes Ja" jetzt fällig.

Die ethische Asymmetrie, die in der Verweigerung das deutlichere Zeichen für den Frieden sieht, wird gesteigert zum Anspruch des einzig erlaubten Weges. Die Versuchung des Absoluten wird Realität. Der Geist der ethischen Eindeutigkeit macht zum Richter über den Andersdenkenden. Die einen dünken sich besser als die anderen. Dem Soldaten wird das Heimatrecht in der Kirche entzogen, er wird zum Feindbild, sein Dienst ist Mord.

Das fordert Widerspruch heraus. Soldat und Verweigerer leben in der Spannung zwischen Chance und Schuld. Der einzelne kann nur auf seine ganz persönliche Weise dazu beitragen, daß die Chancen des Lebens größer bleiben und immer größer werden als die des Krieges und der Schuld. Wir müssen damit leben, daß die Gewissen dabei unterschiedliche Wege weisen und daß es auf die Frage nach dem „deutlicheren Zeichen" keine übereinstimmende Antwort gibt. Wer den Verweigerer abwertet, handelt verantwortungslos und mißachtet die Verfassung. Wer denjenigen, der den Dienst mit der Waffe wählt und in der Erfüllung der Wehrpflicht seinen Friedensdienst sieht, als ethisch geringerwertig einstuft, tut dies ebenso und handelt lieblos.

14. Streik und Hungerstreik

14.1 Streik

Eine Form politischer Aktion ist der Streik. Streik ist vor allem ein Instrument des Arbeitskampfes zur Durchsetzung besserer Arbeitsbedingungen und höherer Löhne. Innerhalb der Kirche ist er unzulässig. Arbeitsrechtliche Konflikte gibt es zwar auch hier, Regelungsmechanismen zu ihrer Lösung sind nötig. Die die streitenden Partner übergreifende Dienstgemeinschaft begründet jedoch ein Verständnis von Solidarität, das Arbeitskämpfe, in denen ein Glied der Kirche dem anderen kämpfend entgegentritt, verbietet.

Bisher ist es zu derartigen Streiks nicht gekommen. Dies mag außer an der Einsicht der Mitarbeiter auch daran liegen, daß die Kirche ihr Tarifgefüge weitgehend an das staatliche anlehnt und Korrekturen auf der staatlichen Seite regelmäßig nachvollzieht. Für Streiks gibt es daher kaum einen vernünftigen Anlaß.

Befürworter des Streikrechts in der Kirche gibt es, nicht zuletzt unter den Pfarrern, gleichwohl. Sollte es je zum Streik kommen, müssen die Kirchenleitungen fest bleiben, denn es geht nicht um eine bloße Ermessensfrage.

Im kirchlichen Bereich kommt es von Zeit zu Zeit zu Streikaktionen anderer Art. Ein Beispiel sind Vorlesungsstreiks an Ausbildungsstätten. Sie sollten nicht überbewertet werden. Die Probleme lassen sich mit einigem Geschick und einiger Festigkeit meistens undramatisch lösen. Bedenklich wird es allerdings, wenn sich Vorlesungsstreiks mit dem Boykott gegen bestimmte Lehrkräfte verbinden. Solcher Boykott geht über bloße Ablehnung hinaus, rührt an die Freiheit der Lehre und tendiert dahin, den Boykottierten als Menschen nicht mehr zu akzeptieren. Er markiert daher eine grundsätzliche Weichenstellung. Die jüngere deutsche Geschichte sollte uns sensibel gemacht haben. Mancher Boykott der 20er und 30er Jahre fing zunächst ganz harmlos an.

14.2 Hungerstreik

Eine dramatische Sonderform des Streiks ist der Hungerstreik. Hier ist jedoch zu differenzieren. Es gibt rein appellative Hungerstreiks, durch die auf besonders nachdrückliche Weise für bestimmte Ziele oder gegen bestimmte Entwicklungen demonstriert werden soll. Diese Hungerstreiks sind mit Fastenaktionen vergleichbar. Wer sich zu einem solchen Schritt entschließt und seinen Protest durch zeitweiligen Nahrungsverzicht in seiner Dringlichkeit unterstreicht, handelt moralisch respektabel und bewegt sich auf rechtlich zulässigem Boden.

Fragwürdig wird der Hungerstreik, wenn er über dringliche Mahnung hinaus konkrete Entscheidungen erzwingen will. Dann wird der Bereich argumentativer Auseinandersetzung, von der Demokratie lebt, verlassen und psychische Gewalt eingesetzt. Hungerstreik kann schlimmer sein als handfeste Gewalt. Gegen sie kann man sich ebenso handfest zur Wehr setzen. Der Hungerstreik hingegen will den Gegner psychisch wehrlos machen und dadurch erpressen. An einer Berliner kirchlichen Fachhochschule gab es 1977 einen Hungerstreik. Mit ihm wollten Studierende hochschulpolitische Entscheidungen, insbesondere personeller Art, durchsetzen. Eine Kirchengemeinde, Synodale und kirchliche Mitarbeiter griffen durch Zuspruch und Aufnahme der Streikenden in kirchlichen Räumen aktiv unterstützend ein und mißbrauchten dadurch ihren Einfluß auf die Streikenden, denen sie zum Abbruch des Streiks hätten raten sollen.

Die Kirche kann Hungerstreiks, die über mahnende Fastenaktionen hinausgehen, nur ein deutliches Nein entgegensetzen. Sie muß Hungerstreikenden seelsorgerlich beistehen, aber zugleich auf den alsbaldigen Abbruch solcher Aktionen hinwirken und darf keinesfalls durch freundliche Anteilnahme streikverlängernd wirken.

15. Steuerboykott und Gebührenverweigerung

15.1 Steuerboykott

Dem Streik verwandte Formen politischer Aktionen sind Steuerboykott und Gebührenverweigerung.

Der Steuerboykott richtet sich durchweg gegen die Verwendung von Steuern für bestimmte, als unheilvoll angesehene staatliche Aufgaben. Meistens geht es um Verteidigungsetat und Atomenergie. So gibt es Aufrufe, vor allem von kirchlichen Mitarbeitern an kirchliche Mitarbeiter, „nicht mehr für den Krieg zu zahlen". Dazu werden unterschiedliche Wege vorgeschlagen. Empfohlen werden zum Beispiel „symbolische Verweigerung von 5,72 DM (für jede neue Rakete 1 Pf.)", „Steuervermeidung durch Verringerung der Erwerbstätigkeit und des Einkommens" und „Senkung des Konsums". Kirchenverwaltungen werden aufgefordert, bei der Abführung der Lohnsteuer bestimmte Anteile einzubehalten und für andere Zwecke zu verwenden.

Die Rechtslage ist eindeutig: Die Aufstellung des Haushalts und damit die Entscheidung über die Verwendung der Steuern ist dem Parlament als vornehmstes Recht vorbehalten. Kein Staat der Welt kann seinen Bürgern freistellen, die finanziellen Grundentscheidungen nach eigenem Ermessen durch Modifizierung der Steuerpflicht oder Zweckbindung von Teilbeträgen zu korrigieren. Wer seine Steuern nicht zahlt, muß damit rechnen, daß sie zwangsweise beigetrieben werden. Das Grundrecht der Gewissensfreiheit begründet kein Steuerprivileg. Beihilfe der Kirche zum Steuerboykott durch Nichtabführen von Lohnsteueranteilen ihrer Mitarbeiter kann nicht ernsthaft erwogen werden.

Steuerboykott kann sich auch gegen die Kirche selbst richten. Häufig äußern Kirchensteuerzahler den Wunsch, von ihnen entrichtete Steuern möchten für bestimmte Vorhaben nicht oder aber allein für diesen oder jenen Zweck verwendet werden. Manche gehen noch einen Schritt weiter und treten mit dem Hinweis aus der Kirche aus, künftig nur nach eigenem Ermessen kirchliche Aufgaben fördern zu wollen. Dabei heißt es dann oft, man könne die Förderung bestimmter Trends in der Kirche durch den Einsatz eigener Steuern mit seinem Gewissen nicht länger verantworten. Derartige Sonderwünsche dürften abzulehnen sein. Überließe die Kirche dem Steuerzahler, die Zweckbestimmung seiner Steuern selbst festzulegen, geriete sie in gefährliche Abhängigkeiten, die Willensbildung der berufenen Organe würde durch die Willkür einzelner unterlaufen.

15.2 Gebührenverweigerung

In Sachen Gebührenverweigerung hat der Beschluß eines westfälischen Presbyteriums, aus Protest gegen die Belieferung mit Strom, der aus Atomkraft gewonnen wurde, einen Teil der Gebühren zurückzuhalten, Schlagzeilen gemacht. Das Presbyterium sah sich angesichts der von ihm behaupteten Gefährdung menschlichen Lebens zu entschiedenem Bekenntnis aufgerufen. Es wertete seine Aktion als „Pflicht der christlichen Gemeinde“ und als „ein Zeichen des Widerstandsrechts der Christen gegen den Staat und die Wirtschaft“. In den folgenden Prozessen berief sch das Presbyterium auf ein durch die Gewissensfreiheit gedecktes Leistungsverweigerungsrecht.

Die Landeskirche hat die Nichtzahlung als Vertragsbruch mißbilligt und den Verweis auf das Widerstandsrecht als abwegig bezeichnet. Es sei nicht zulässig, „daß Pfarrer und Presbyter ihre einseitige Auffassung so vertreten, daß sie die gesamte Gemeinde und die gesamte Kirche damit belasten und in Mitverantwortung für ihre Auffassung zu zwingen suchen.“[54] Die teilweise Verweigerung der eigenen Zahlungsleistung sei kein angemessenes Bekennen.

Wesentliches Element des Rechtsstaates ist die Vertragstreue seiner Bürger. Wer Gebühren für vertraglich vereinbarte Leistungen wie die Lieferung von Strom ganz oder teilweise einbehält, wird vertragsbrüchig und nimmt in Kauf, daß ihm Strom abgeschaltet, oder, wie hier geschehen, der Zahlungsanspruch im Klagewege durchgesetzt wird. Das Amtsgericht hat der Gemeinde zwar recht gegeben und die Zahlungsverweigerung als durch Gewissenszwang begründet anerkannt. Landgericht und – durch Nichtannahme einer Verfassungsbeschwerde – auch das Bundesverfassungsgericht aber haben die Berufung auf die Gewissensfreiheit verworfen und die Zahlungspflicht der Gemeinde festgestellt. Am Rande merkt das Landgericht an, die Gemeinde wäre, „um ihrer Gewissensentscheidung den richtigen Ausdruck zu verleihen, gehalten, ihren Verbrauch erheblich zu drosseln“. Dies aber tue sie nicht.

16. *Polizei*

16.1 Zusammenarbeit mit der Polizei

Als staatliches Vollzugsorgan hat die Polizei die ungehinderte Ausübung der staatsbürgerlichen Rechte zu gewährleisten. Politische

[54] epd Ostwestfalen v. 12. 8. 1980

Aktionen, besonders in ihrer häufigsten Form, der Demonstration, begegnet sie mit doppeltem Gesicht:

Auf der einen Seite ermöglicht sie den vorgesehenen Ablauf der Aktion durch Verkehrsregelung, Absperrung, Schutz vor gewalttätigen Gegenaktionen und so weiter. Auf der anderen Seite greift sie unter dem Gesichtspunkt der öffentlichen Sicherheit und Ordnung beschränkend ein, indem sie Auflagen erteilt, Kontrollen, etwa auf Waffenbesitz, vornimmt, unmittelbaren Zwang ausübt, Demonstranten wegträgt, versperrte Zufahrten freimacht, Gewalttäter festnimmt und äußerstenfalls Demonstrationen gewaltsam auflöst. Die Polizei hilft und hindert, Schutz der Aktion und Abwehr von Mißbrauch gehören zusammen. Teilnehmer an politischen Aktionen sehen häufig nur die eine Seite und empfinden das Auftreten der Polizei als Drohgebärde und Symbol der Unterdrückung.

Aufgabe der Polizei ist die neutrale Rechtsanwendung. Sie ist kein politischer Ansprechpartner, sie soll Recht verwirklichen und nicht Recht setzen. Sie hat die Ziele politischer Aktionen weder inhaltlich zu bewerten noch über sie zu verhandeln, sondern allein den Rechtsregeln, die den öffentlichen Meinungs- und Willensbildungsprozeß gewaltfrei halten wollen, Geltung zu verschaffen. Sie hat nicht nur demonstrierende Minderheiten zu schützen, sondern, wenn nötig, auch nicht demonstrierende Mehrheiten.

Vom einzelnen Polizisten verlangt das Gebot neutraler Rechtsanwendung viel Selbstdisziplin, steht er doch mit seiner persönlichen Ansicht den Demonstranten, denen er entgegentreten muß, oft näher als denen, die er vor Übergriffen der Demonstranten schützen muß.

Nach der Generalklausel des Polizeirechts hat die Polizei, wenn der Allgemeinheit oder dem einzelnen Gefahren drohen und dadurch die öffentliche Sicherheit oder Ordnung gefährdet wird, im Rahmen der geltenden Gesetze die nach pflichtgemäßen Ermessen notwendigen Maßnahmen zu treffen. Flexible Taktik ist erlaubt. Die Polizei darf ihr Ermessen aber nur unter polizeilichen Gesichtspunkten ausüben. Das heißt, ihr Einschreiten muß zur Gefahrenabwehr notwendig und geeignet sein. Diese Erfordernis der Notwendigkeit verbindet sich mit dem übergreifenden rechtsstaatlichen Gebot der Verhältnismäßigkeit und des geringstmöglichen Eingriffs. Das polizeiliche Vorgehen darf, auch in seinen Nebenfolgen, keinen Schaden anrichten, der außer Verhältnis zum beabsichtigten Erfolg steht.

Bei der schwierigen Aufgabe, ihren Einsatz richtig zu gewichten und den Weg zu finden zwischen zu viel und zu früh hier, zu wenig und zu spät dort ist die Polizei meist auf ungewisse Prognosen angewiesen. Sie muß in oft aufgeheizter Atmosphäre kurzfristig folgenreiche Entscheidungen treffen. Die Lage spitzt sich noch zu, wenn Demonstranten und Gegendemonstranten sich beiderseits auf das Grundrecht der Versammlungsfreiheit berufen. Was die Polizei tun kann, darf und muß, wird dann immer unklarer. In der Stunde danach sieht meistens alles ganz anders aus, Kritik ist der Polizei zumindest von einer Seite sicher, und die Politiker lavieren gern.

In den vergangenen Jahren hat es beachtliche Lernprozesse gegeben. Dennoch kommen Fehler vor, Fehleinschätzung der Lage führt zu Mißgriffen, mangelndes Fingerspitzengefühl zu bemerkenswertem Ungeschick im Umgang mit Demonstranten. Junge, unerfahrene Polizisten werden in Lagen gebracht, die sie überfordern. Ausbildungsmängel schaffen Unsicherheit. Die Polizei agiert oft nicht professionell genug und ohne hinreichende Fähigkeit, die gesetzlichen und technischen Möglichkeiten kreativ auszuschöpfen. Solche Mängel sind nicht als mehr oder weniger unvermeidbare Begleiterscheinungen abzutun. Kritik ist erlaubt und notwendig. Sie darf allerdings nicht den Polizisten zum prinzipiellen Gegner stempeln. Die Demonstranten sind anfällige, verletzliche Menschen, die Polizisten, auf die sie treffen, sind es auch. Angst haben beide, Frustrationen gibt es auf beiden Seiten.

Jede vermeidbare Konfrontation verhärtet, bringt Mißverständnisse und löst fragwürdige Solidarisierungen aus. „Die Polizei, Dein Freund und Helfer" ist ein reichlich harmloser und obendrein inhaltlich schiefer Slogan; wer statt dessen aber von „Bullen" redet oder sich anders entwürdigend äußert, redet nicht mehr harmlos, sondern vergiftet.

Die Polizei kann im Rahmen ihres Ermessens um so sachgerechter handeln, je gründlicher und offener zwischen ihr und den Veranstaltern vor und während der Aktionen gesprochen wird. Durch Gespräche gewachsenes Vertrauen kann friedliche Wege offenhalten, wo sonst Gewalt droht. Das Verhalten beider Seiten wird berechenbarer. Über formale Absprachen hinausgehende Kontakte zwischen Veranstaltern und Polizei sind Dienst am inneren Frieden. Die Kirche tut gut daran, ihr Zustandekommen zu fördern.

Beispielhaft war die sensible und diskrete Zusammenarbeit von Kirche, Polizei und gesprächswilligen Demonstranten, durch die

1981 die schrittweise und friedliche Auflösung eines zeitweise nach Hunderten zählenden Lagers auf der Potsdamer Straße in Berlin, wo ein Demonstrant zu Tode gekommen war, erreicht wurde. Beispielhaft war auch die Zusammenarbeit mit der Polizei während der Menschenkette von Ulm nach Stuttgart im Oktober 1983. Beispiel des Scheiterns ist die Klausurtagung zwischen „Staat" und „Friedensbewegung" über „Konfliktaustragung und innerer Friede" wenige Wochen vorher in Loccum, die bereits vor Beginn von radikalen Gruppen gesprengt wurde.

Nicht alle Kontakte können auf dem offenen Markt stattfinden, oft hängt der Erfolg an der Vertraulichkeit. Hier setzen vielfach Unbehagen und Mißtrauen ein. Es ist töricht, aber leider weithin üblich, vertrauliche Kontakte pauschal als unseriöse Pazifizierungsversuche abzuwerten. Wenn jedes tastende Gespräch sogleich überall breitgetreten wird, mauert jeder und kann man sich die Mühe sparen.

Skepsis gegenüber vertraulichen Kontakten nimmt zu, wenn Auskünfte des Verfassungsschutzes eine Rolle spielen. Viele lehnen jede Art der Kenntnisnahme und erst recht jedes Eingehen auf Mitteilungen des Verfassungsschutzes als dem Wesen der Kirche nicht gemäß rundherum ab. Die Kirche habe keine verfassungsschützende Funktion und bedürfe warnender Hinweise des Verfassungsschutzes nicht. Das ist im Grundsatz wohl richtig, dennoch fragt sich, ob die Kirche gut beraten ist, wenn sie warnende Hinweise des Verfassungsschutzes prinzipiell von sich weist. Mitteilungen des Verfassungsschutzes können Hinweise, etwa auf die mögliche Bewaffnung von Aktionsteilnehmern oder auf die Gefährdung bestimmter Personen, enthalten, die zu übergehen, leichtfertig wäre.

Auch der umgekehrte Fall kann eintreten, daß die Kirche oder einzelne Amtsträger von Vorgängen Kenntnis erhalten, die für den Staat und die innere Sicherheitslage wesentliche Bedeutung haben. Soweit nicht die geistliche Schweigepflicht ohnehin jede Weitergabe ausschließt, kann ein Konflikt zwischen kirchlichem Amtsverständnis und staatsbürgerlichem Pflichtbewußtsein aufbrechen. Die Entscheidung ist, wie immer sie ausfällt, schwer.

16.2 Schutz durch die Polizei

Die Kirche kann um Polizeischutz nachsuchen, wenn politische Aktionen sie unmittelbar bedrängen und sie der Situation allein nicht mehr Herr wird. Verbreitet ist die Ansicht, die Kirche dürfe das wie allen anderen auch ihr zustehende Recht auf Sicherheit prinzipiell nicht in Anspruch nehmen. Auch wenn sie Ziel aggressiver Aktionen werde, sei der Ruf nach der Polizei ihrer unwürdig, sie schütze sich nicht durch äußere Mittel und staatliche Gewalt, ihre Macht sei das Wort, nicht der Polizeiknüppel. Sie vertraue allein auf die Torheit der Predigt, die ihre Kraft erweist, wo es Gott gefällt.

Diese radikale Ablehnung polizeilichen Schutzes verkennt die Realitäten. Gewiß darf der Gang zur Polizei erst erwogen werden, wenn es wirklich brennt. Ebenso gewiß ist die Kirche mehr als andere gehalten, Leiden zu akzeptieren, sie muß ihren Gemeindegliedern zumuten, allerlei Beschwerden ohne den sofortigen Ruf nach dem Staat zu ertragen.

Doch es gibt Grenzen, etwa bei akuter Gefahr für Leib und Leben, bei nicht mehr überschaubaren tumultuarischen Zuständen, bei riskanter Überfüllung, grober Sachbeschädigung oder Auftauchen von Waffen. Wenn bestimmte militante Gruppen mit Brutalo-Jargon, menschenverachtender Arroganz und Hang zur Gewalt in Aktion treten, ist der Versuch, ihnen nur freundlich zu begegnen, zum Scheitern verurteilt. Im übrigen können Aktionen auch ohne Einflußnahme radikaler Gruppen unkontrollierbare Eigendynamik entwickeln, die zu einer akuten Gefahr wird. Sind Kinder und Jugendliche an Aktionen beteiligt, erweitert sich das Spektrum der Gefahren.

Die Risiken und damit die Notwendigkeit polizeilichen Eingreifens zuverlässig einzuschätzen, ist in der angespannten Situation vorort schwer, Aufgeregtheit kirchlicher Mitarbeiter macht es nicht leichter. Ein abgebrochenes Stuhlbein kann Altersschwäche kirchlichen Mobiliars, aber auch den Auftakt einer groben Schlägerei anzeigen, der Gebrauch der Fäkaliensprache kann modische Flegelei sein oder Indiz zunehmender Eskalation.

Störern und Besetzern vorab anzukündigen, man werde die Polizei auf keinen Fall rufen, ist unklug. Damit bindet man nur sich selbst, nicht aber den anderen. Redlichkeit muß nicht unklug sein. Wer den Hilferuf an die Polizei ausschließt, blockiert die Notbremse. Das kann in das Dilemma führen, bei krisenhafter Zuspitzung entweder um des gegebenen Wortes willen nicht tun zu können, was die eigene Einsicht nun doch gebietet, oder aber die Zusage brechen zu müssen und damit Vertrauen zu verspielen. Wer Polizeieinsatz zur Abwehr von Störungen und Besetzungen ausnahmslos ablehnt, mag sich ferner vor Augen halten, daß er, wenn er heute auf Polizeieinsatz verzichtet, morgen, wenn ihm die Motive der Aktion womöglich fremder sind als beim ersten Mal, nicht anderes reagieren kann. Es ist leicht, sich auszumalen, welche Perversion von Gastfreiheit der Kirche dann droht.

Kaum weniger fragwürdig als die Zusage, die Polizei keinesfalls holen zu wollen, ist die Ankündigung, man werde die Polizei rufen. Auch das engt den Handlungsspielraum unnötig ein. Die Verhandlungen werden mit einer drohenden Attitüde belastet, Zugzwang kann entstehen, der gewaltfreie Lösungen verschüttet.

16.3 Polizeikosten

Ein erhebliches Kostenrisiko kann sich für die Demonstranten ergeben, wenn die Polizei für Amtshandlungen im Zusammenhang mit der Demonstration, insbesondere bei Anwendung unmittelbaren Zwangs zur Beseitigung von Störungen der öffentlichen Sicherheit und Ordnung, Kosten erhebt. Seit einiger Zeit gibt es in einigen Bundesländern Bestimmungen, die der Polizei dies erlauben. Sie berühren den Schutzbereich der Versammlungsfreiheit. In ihrer praktischen Auswirkung schränken sie die Demonstrationsfreiheit ein, denn die drohenden Kosten können einen Abschreckungseffekt ausüben. Zulässigkeit und Grenzen der fraglichen Regelungen sind daher unter Beachtung des Verfassungsranges der Versammlungsfreiheit zu würdigen. Ergebnis kann in Übereinstimmung mit der bisherigen Rechtstradition und Verwaltungspraxis nur sein, daß die Polizei bei rechtmäßigem Verhalten der Demonstranten Kosten überhaupt nicht erheben darf.

Schwieriger liegen die Dinge, wenn sich die Demonstranten rechtswidrig verhalten und die Polizei daher zu Recht unmittelbaren Zwang anwendet. Aber auch dann bleibt die Demonstration im Schutzbereich des Art. 8 Grundgesetz. Angemessen, und im Sinne der verfassungsrechtlichen Güterabwägung verhältnismäßig, sind bei Rechtsverletzungen im Zuge von Demonstrationen nur solche Kostenforderungen, die vom einzelnen Demonstranten in einer ihm zurechenbaren Weise verursacht wurden. Der Demonstrant darf nicht für den Gesamtaufwand in Anspruch genommen werden, der durch die Beteiligung und das Verhalten einer möglicherweise großen und von ihm nicht zu kontrollierenden Zahl von Mitdemonstranten und Polizisten veranlaßt wurde. Er kann nicht gesamtschuldnerisch für einen polizeilichen Aufwand haften, auf dessen

Höhe er keinen Einfluß und den er nur zu einem kleinen Teil selbst verursacht hat.

17. Schadensersatz

Demonstrationen können Sach-, Personen- und Vermögensschäden mit entsprechenden Schadensersatzforderungen zur Folge haben.

Zivilrechtliche Haftungsgrundlage sind die §§ 823 und 830 BGB. Nach § 830 Abs. 2 haftet der Schädiger wegen unerlaubter Handlung. Abweichend vom Rechtsgrundsatz, daß jedem nur die eigene schadenverursachende Handlung zugerechnet wird, ist bei einer gemeinschaftlich begangenen unerlaubten Handlung jeder für den gesamten Schaden verantwortlich, wenn sich nicht ermitteln läßt, wer von den Beteiligten den Schaden verursacht hat (§ 830 Abs. 1 Satz 1). Außerdem werden nach § 823 Abs. 2 bei Straftaten Gehilfen und Anstifter im strafrechtlichen Sinn zum Ersatz der von ihnen nicht vorausgesehenen, aber „adäquat" verursachten Schadensfolge herangezogen.

Die Haftungsgrundlagen sind bei politischen Aktionen am Grundrecht der Versammlungsfreiheit zu messen, denn ein zu weit gezogener Haftungsbereich für den Exzeß einzelner Demonstranten berührt die Grundrechtsgarantie des Art. 8. Obwohl die Versammlungsfreiheit kein Rechtfertigungsgrund für Regelverletzungen ist, muß die Ausstrahlungswirkung der Versammlungsfreiheit auch im Recht der unerlaubten Handlung beachtet und müssen unbestimmte Rechtsbegriffe daraufhin kontrolliert werden, ob sie wegen eines unzulässigen Abschreckungseffekts das Grundrecht mittelbar beeinträchtigen. So sind besonders strenge Anforderungen an das Vorliegen der Voraussetzungen der Mittäterschaft gemäß § 830 BGB zu stellen. Verfassungsrechtlich anfechtbar ist die Auslegung des § 830 BGB, wonach Ersatz der gesamten während einer Demonstration angerichteten Schäden gesamtschuldnerisch von irgendeinem der als Mittäter qualifizierten Demonstrationsteilnehmer verlangt werden kann. Dies hat der Bundesgerichtshof[55] mit dem ausdrücklichen Hinweis abgelehnt, die Demonstrationsfreiheit dürfe „nicht dadurch, daß an die Bejahung einer haftungsbegründenden Teilnahme

---

[55] NJW 1975, S. 499

an Gewaltakten anderer Demonstranten zu geringe Anforderungen gestellt werden, unterlaufen werden“. Hiernach kann dem Demonstranten Schadensersatz nur insoweit auferlegt werden, als der kostenverursachende Vorgang ihm persönlich zurechenbar ist. „Wer an der Demonstration mit dem Willen teilnimmt, schadensstiftende Ausschreitungen gemeinsam mit anderen Demonstranten zu begehen oder ihre Unterstützung durch seine Teilnahme zumindest billigend in Kauf nimmt und dieser Einstellung entsprechend als Mittäter, Anstifter oder Gehilfe einen Tatbeitrag leistet, muß für die schädigenden Folgen des unfriedlichen Verlaufs der Demonstration einstehen.“

Schadensersatzansprüche kommen auch als Ausgleich für immateriellen Schaden in Betracht. So hat ein Flughafenpassagier, der aufgrund einer Flughafenblockade am Verlassen des Frankfurter Flughafens zeitweise gehindert war, Schmerzensgeld gefordert. Das erkennende Gericht[56] hat grundsätzlich die Haftung für immateriellen, durch Blockaden verursachten Schaden zwar anerkannt, zugleich aber die Ersatzfähigkeit und Ersatzwürdigkeit der erlittenen Beeinträchtigung von den im Einzelfall maßgebenden Faktoren, wie zum Beispiel Erheblichkeit, Art und Dauer, abhängig gemacht. Schadensersatz wird versagt, wenn „Art und Intensität der Beeinträchtigung in einem Bereich liegen, der unter dem Gesichtspunkt der Billigkeit die allgemein zumutbare Toleranzgrenze nicht übersteigt“. Im zu entscheidenden Fall hat das Gericht eine etwa 2 $^1/_2$stündige Freiheitsentziehung „unter den gegebenen Umständen noch als geringfügig“ angesehen, dabei jedoch betont, daß es eine allgemein gültige Antwort nicht gibt und der Zeitfaktor nicht losgelöst von den übrigen Umständen betrachtet werden kann.

Eine Haftung kirchlicher Körperschaften für Demonstrationsschäden kommt nur in Frage, wenn sie selbst Veranstalter sind, als solche an der Demonstration teilnehmen oder wenn Mitarbeiter im Rahmen ihrer Dienstpflichten oder kraft ausdrücklichen Auftrages tätig sind.

---

[56] LG Frankfurt, NJW 1985, S. 201ff

Schlußbemerkung

Politische Aktionen können Mahner und Hoffnungsträger sein, ebenso jedoch Boten des Verfalls und Künder neuer totalitärer Versuchung. Niemand vermag zu sagen, wohin die Reise geht. Gewiß aber bewährt sich unsere Freiheit auch daran, ob politische Aktionen möglich sind und möglich bleiben.

Diese Freiheit ist zu sichern und darf bei Abwehr vom Mißbrauch nicht beschädigt werden. Gegenüber oft stürmischem Protest politischer Aktionen ist Bewährtes zu verteidigen und dennoch der Weg offenzuhalten für Kommendes.

In dieser Aufgabe treffen sich Staat und Kirche. Beide müssen der Herausforderung auf je eigene Weise begegnen.

Literatur

Zum Gesamtthema

EKD-Denkschrift, Der Staat des Grundgesetzes als Angebot und Aufgabe, 1985 epd-Dokumentation 44/85
EKD, Um Frieden und Sicherheit – Rat der EKD zum Herbst 1983, aktuelle Aussagen von Synoden, Kirchenleitungen und Bischöfen, epd-Dokumentation 42/83
EKD-Denkschrift, Gewalt und Gewaltanwendung in der Gesellschaft, 1973
Benda-Maihofer-Vogel (Hg.), Handbuch des Verfassungsrechts der Bundesrepublik Deutschland, München 1983 (im folgenden zitiert: Handbuch)
Maunz-Dürig (Hg.), Grundgesetz-Kommentar
Randelshofer-Süß (Hg.), Konsens und Konflikt – 35 Jahre Grundgesetz, Vorträge und Diskussionen einer Veranstaltung der Freien Universität Berlin vom 6.-8.12.1984, Berlin 1986 (im folgenden zitiert: Konsens und Konflikt)

1.1 Begriff und Formen

Arndt, Das nicht erfüllte Grundgesetz, in Gesammelte juristische Schriften, München 1976, S. 142ff
Becker, Die Freiheit, die wir meinen, München 1984
Bracher, Zeit der Ideologien, Stuttgart 1982, S. 314 ff
Bracher, Zeitgenössische Kontroversen, München 1984, S. 6ff, 155 ff
Eidgenössische Kommission für Jugendfragen, Thesen zu den Jugendunruhen, Bern 1980
Greiffenhagen, Vom Obrigkeitsstaat zur Demokratie: Die politische Kultur in der Bundesrepublik Deutschland, in Reichel (Hg.), Politische Kultur in Europa, Schriftenreihe der Bundeszentrale politische Bildung Bd. 209 1984, S. 52 ff
Guggenberger, An den Grenzen der Verfassung, FAZ 3.12.1983
Herzog, Evangelische Christen in unserer Demokratie, EKD-Synode 1985

Langguth, Protestbewegung, Entwicklung, Niedergang, Renaissance, Köln 1983, S. 15 ff
Papcke, Gibt es eine kulturelle Identität der Deutschen?, in Weidenfeld (Hg.), Die Identität der Deutschen, Schriftenreihe der Bundeszentrale für politische Bildung Bd. 220 1985, S. 248 ff
Röhricht, Die verspätete Demokratie, Köln 1983, S. 203 ff
Simon, Evangelische Christen in unserer Demokratie, EKD-Synode 1985
Zimmermann, Massenmobilisierung, Protest als politische Gewalt, Zürich 1983

1.3 Versuchung des Absoluten

Arndt, Rechtsdenken in unserer Zeit, aaO S. 37 ff
Brakelmann, Der friedenssichernde Auftrag der Macht, Briefdienst 5/85
Held, Wenn eine Minderheit sich für das wahre Volk hält, FAZ 22. 9. 1984
Heyde, Recht durch Rechtsbruch?, Radius 1984, S. 77 ff
Krockow, In der Spannung zwischen Unglauben und Glauben, Evangelische Kommentare 1978, S. 585 ff
Krockow, Grenzen der Politik, Politik und Zeitgeschehen B 32-33 1982, S. 3 ff
Krockow, Gewalt für den Frieden?, München 1983, S. 3 ff
Michealis, Die Deutschen und ihr Rechtsstaat, Schriften der Juristischen Gesellschaft Berlin Nr. 60 1980
Oberreuther, Konflikt und Konsens im politischen System der Bundesrepepublik Deutschland, in Konsens und Konflikt, S. 214 ff
Schmithals, Ist wirklich alles machbar?, in Bekenntnis und Gewissen, Theologische Studien zur Ethik, Berlin 1983, S. 78 ff
Schulze, Die Versuchung des Absoluten, Politik und Zeitgeschehen B 7 1984, S. 3 ff
Stettner, Gedanken zu Recht und Gnade, Deutsche Richterzeitung 1985, S. 457 ff
Szczesny, Das sogenannte Gute, Hamburg 1971, S. 42 ff

3. *Anfragen an kirchenleitendes Handeln*

Arnoldshainer Konferenz, Theologischer Ausschuß, Was gilt in der Kirche?, Neukirchen 1985

Flor, Anmerkungen zu kirchenleitendem Handeln, Berliner Theologische Zeitschrift 1985, S. 181 ff
Obermeyer, Kirchenführung in dieser Zeit, in Wägen und Wagen, Festgabe für Werner Hofmann, München 1981, S. 26 ff

4. Politische Aktion und kirchliche Mitarbeiter

Arnoldshainer Konferenz, Theologischer Ausschuß, Möglichkeiten und Grenzen eines politischen Zeugnisses der Kirche und ihrer Mitarbeiter, Neukirchen 1982
Beckmann, Freiheit und Bindung der kirchlichen Amtsträger im Blick auf die politische Betätigung, Zeitschrift für evangelisches Kirchenrecht 1974, S. 30 ff
Frank, Dienst und Arbeitsrecht, Zeitschrift für evangelisches Kirchenrecht 1974, S. 686 ff
Kissel, vor Synode EKHN, epd-Dokument 11/82, S. 17 ff
Maurer, Freiheit und Bindung der kirchlichen Amtsträger, Zeitschrift für evangelisches Kirchenrecht 1974, S. 10 ff
Pahlke, Der „Dritte Weg" der Kirchen im Arbeitsrecht, Neue Juristische Wochenschrift 1986, S. 350 ff
NEK-Synode, Was gilt in der Kirche? Dokumente der Tagung vom Juli 1985 Rendsburg
Pirson, Grundrechte in der Kirche, Zeitschrift für evangelisches Kirchenrecht 1972, S. 358 ff
Rottmann, Grundrechte und Rechtsschutz im Beamtenverhältnis, Zeitschrift für Beamtenrecht 1983, S. 77 ff
Rüthers, Wie kirchentreu müssen kirchliche Arbeitnehmer sein? Neue Juristische Wochenschrift 1986, S. 356 ff
Schmithals, Politische Äußerungen der Kirche und ihrer Amtsträger als Problem der evangelischen Theologie, in Bekenntnis und Gewissen, Berlin 1983, S. 125 ff
Sendler, Was dürfen Richter in der Öffentlichkeit sagen? Neue Juristische Wochenschrift 1984, S. 689 ff

4.8 Dienstaufsicht und Amtszucht

Meyer, Konflikt um Gorleben, in Knuth (Hg.), Theologie und Kirche in Gesellschaft und Politik, München 1983, S. 9 ff

NEK-Kammer für Amtszucht, Beschluß vom 17.1.1980 mit Anmerkung Blaschke, Zeitschrift für evangelisches Kirchenrecht 1981, S. 188 ff, 192 ff

Ruppel, Fragen des kirchlichen Disziplinarwesens im Lichte der Zwei-Reiche-Lehre, in Festgabe Smend S. 349 ff

5.1 Partnerschaft

Schmude, Ist die Partnerschaft am Ende?, Rechtswissenschaftliches Kolloquium Berlin 1985, epd-Dokumentation 8/85

5.2 Demokratisches Bewußtsein und Begleitung des Staates

Arndt, Rechtsdenken in unserer Zeit, aaO S. 37 ff, 56 ff

Binder, Barmen heute, der Christ im Staat des GG, Evangelischer Arbeitskreis CDU 11.2.84

Flor, Sorge um den inneren Frieden, Evangelische Kommentare 1983, S. 503 ff

Gollwitzer, Die Kirche muß sich einmischen, Lutherische Monatshefte 1984, S. 30 ff

Kirchentag 1985, Referate zum Bereich Bürger/Staat *Simon, Tödt, v. Weizsäcker,* epd-Dokumentation 29/85

Krüger, Der Staat ist reine Menschensache, Stuttgart 1975, S. 99 ff

Rendtorff, Die christliche Ethik ist herausgefordert, Lutherische Monatshefte 1984, S 352 ff

Rendtorff, Herrschaft der Theologie in der Politik, Evangelische Kommentare 1985, S. 455 ff

Rendtorff, Ethik der Machtordnungsverhältnisse oder Ethik des guten Lebens, Radius 4/1986, S. 16 ff

Schmude, Schweigen wäre falsche Politik, Evangelische Kommentare 1985, S. 455 ff

Schmithals, Die gesellschaftliche Verantwortung der Kirche und der Christen und das Problem der Macht, in Theologischer Ausschuß EKU, Zum Auftrag der christlichen Gemeinde – Barmen I/II, Gütersloh 1974, S. 34 ff

Tödt, Die politische Predigt, Zeit 7.6.1985

Track, Zwei-Reiche-Lehre und kein Ende, Radius 4/1986, S. 25 ff

5.3 Gehorsam gegenüber den Gesetzen

Schmude, s. o. 5.1
Scholz, Rechtsfrieden im Rechtsstaat, Neue Juristische Wochenschrift 1983, S. 705 ff

6. *Verfassungsauftrag und Grundkonsens*

Benda, Zum Konsensbegriff und zum Erfordernis eines Grundkonsens, Handbuch S. 1338 ff
Denninger, Der Schutz der Verfassung, Handbuch S. 1293 ff
Haffner, Im Schatten der Geschichte, Stuttgart 1985, S. 184 ff
Hesse, Das Grundgesetz in der Entwicklung der Bundesrepublik Deutschland, Aufgabe und Funktion der Verfassung, Handbuch S. 3 ff
Oberreuter, Wertwandel in der politischen Bildung, Politik und Zeitgeschehen B 16 1985, S. 45 ff
Meesen, Parteistaatlichkeit – Krisensymptome des demokratischen Verfassungsstaates?, Neue Juristische Wochenschrift 1985, S. 2289 ff
Offe, Unregierbarkeit, Zur Renaissance konservativer Krisentheorien, in Stichworte zur geistigen Situation der Zeit in Frankfurt a. M. 1979, Bd. 1 S. 294 ff

7. *Grundrechte*

Hesse, Grundrechte, Bestand und Bedeutung, Handbuch S. 79 ff

7.1 Menschenwürde

Benda, Die Menschenwürde, Handbuch S. 107 ff

7.3 Gleichheit – Art. 3 –

Kriele, Freiheit und Gleichheit, Handbuch S. 129 ff

7.4 Glaubens- und Bekenntnisfreiheit – Art. 4 –

Mikat, Staat, Kirche und Religionsgemeinschaften, Handbuch S. 1059 ff

Obermeyer, Staat und Religion, Bekenntnisneutralität zwischen Traditionalismus und Nihilismus, Schriften der Juristischen Gesellschaft Berlin Nr. 53 1977
Zentralkomitee, der deutschen Katholiken, Die Stellung der Kirchen im demokratischen Verfassungsstaat (Einführung Buchheim), Berichte und Dokumente Nr. 21 1974 S. 40 ff, 52 ff

7.5 Gewissensfreiheit - Art. 4 -

Arndt, Agraphoi nomoi, aaO S. 88 ff
Ebeling/Koch, Was ist das Gewissen?, EKD-Texte 8 1984
Müller, Kriegsdienstverweigerer im Lichte eines evangelischen Gewissensbegriffes, Zeitschrift für evangelisches Kirchenrecht 1982, S. 14 ff
Schmithals, Vom Umgang mit dem christlichen Gewissen und Das Bekenntnis der Gemeinde und das Gewissen der Christen, in Bekenntnis und Gewissen, Berlin 1983, S. 135 ff, 139 ff
Schmude, Mehrheitsentscheidungen und gesetzesüberschreitender Protest, in Konsens und Konflikt, S. 6 f
Scholler, Gewissensfreiheit des Einzelnen und Anspruch der Gesellschaft, Dokument 7 Katholische Akademie Schwerte 1983

7.6 Freiheit und Meinungsäußerung - Art. 5 -

Arndt, Zur Güterabwägung bei Grundrechten, Art. 5 gewährleistet die Freiheit zu irren, aaO, S. 185 ff, 191 ff

7.7 Versammlungsfreiheit - Art. 8 -

Bundesverfassungsgericht, Tragweite der Versammlungsfreiheit, Beschluß vom 14.5.1985, Neue Juristische Wochenschrift 1985 S. 2395 ff
Frowein, Der Versammlungsfreiheit vor dem BVerfG, Neue Juristische Wochenschrift 1985, S. 2376 ff
Bracher, Geschichte und Gewalt, Berlin 1981, S. 24 ff
Halberstadt/Heusel, Versammlung und Demonstration, Bonn 1983
Hättich, Zornige Bürger - Vom Sinn und Unsinn des Demonstrierens, München 1084
Meyer, Demonstrations- und Versammlungsrecht, München 1984

Süß, Zum Verhältnis von Emanzipation und Gewalt in den außerparlamentarischen Oppositionen, in Konsens und Konflikt, S. 365 ff
AG für Umweltfragen, Stuttgarter Gespräch, Überlegungen zur Austragung von Umweltkonflikten, Bonn 1984

8. Verfassungsmäßige Ordnung

Maihofer, Prinzipien freiheitlicher Ordnung, Handbuch S. 173 ff

8.2 Repräsentation

Denninger, Die Herrschaftsordnung der parlamentarischen Demokratie, Handbuch S. 173 ff
Kielmannsegg, Mehr als eine Versammlung der Volksvertreter, FAZ 30. 11. 1985
Schneider, Das parlamentarische System, Handbuch S. 239 ff
Staff, Lehren vom Staat, Baden-Baden 1981, S. 382 ff

8.3 Mehrheitsprinzip

Fialkowski, Neuer Konsens durch plebiszitäre Öffnung? in Konsens und Konflikt, S. 236 ff, 262 ff
Guggenberger, Die neue Macht der Minderheit, in Guggenberger-Offe (Hg.), An den Grenzen der Mehrheitsdemokratie, Opladen 1984, S. 207 ff
Maihofer, Das plebiszitäre Defizit des Grundgesetzes, Handbuch S. 1409 ff
Schlaich, Plebiszit, in Lohse/Wilkens (Hg.), Gottes Friede den Völkern, Dokumentation Kongreß Kiel 1984, S. 222 ff
Simon, Fragen der Verfassungspolitik, in Glotz (Hg.), Ziviler Ungehorsam im Rechtsstaat, Frankfurt a. M. 1983, S. 99 ff
Vogel, Plebiszitäre Ansätze, Handbuch S. 1369 ff

8.4 Gewaltmonopol

Honecker, Die Minimierung von Gewalt und Unrecht, in Lorenz (Hg.), Widerstand, Recht und Frieden, Studien aus dem Lutherischen Weltbund, Erlangen 1984, S. 36 ff
Isensee, Das Grundrecht auf Sicherheit, Zur Schutzpflicht des freiheitlichen Verfassungsstaates, Schriften der Juristischen Gesellschaft Berlin Nr. 79 1983

Matz, Zur Legitimation staatlicher Gewalt, in Konsens und Konflikt, S. 324 ff
Sendler, Michael Kohlhaas – damals und heute, Schriften der Juristischen Gesellschaft Berlin Nr. 92 1985

8.5 Verhältnismäßigkeit

Hesse, Grundrechte – Bestand und Bedeutung, Handbuch S. 79 ff (91)
Jakobs, Der Grundsatz der Verhältnismäßigkeit, Deutsches Verwaltungsblatt 1985, S. 97 ff

9.1 Gewalt und strafrechtliche Sanktion

Brohm, Demonstrationsfreiheit und Sitzblockaden, Juristenzeitung 1985, S. 500 ff
Finckh/Jens (Hg.), Verwerflich? Friedensfreunde vor Gericht, Dokumentation, München 1985
Frey, Zu Widerstand und Gewaltfreiheit, Reihe Frieden Heft 9, S. 35 ff
Hemeyer, Zur Kriminalisierung gewaltfreier Aktion, Reihe Frieden Heft 9, S. 27 ff
Krauss, Die Beurteilung passiver Resistenz – Restriktive oder extensive Auslegung der Gewaltnötigung, Neue Juristische Wochenschrift 1984, S. 905 ff
Kühl, Demonstrationsfreiheit und Demonstrationsstrafrecht, Neue Juristische Wochenschrift 1985, S. 2379 ff
Müller-Dietz, Was ist Gewalt im strafrechtlichen Sinn? Was ist gewaltfrei?, in Herrenalber Texte Nr. 54 1984, S. 16 ff
Ott, Rechtsprobleme bei der Auflösung einer Versammlung in Form eines Sitzstreiks, Neue Juristische Wochenschrift 1985, S. 2384
Schnoor, Brauchen wir Verschärfungen des Demonstrationsstrafrechts?, Zeitschrift für Rechtspolitik 1983, S. 185 ff
Schroeder, Widerstand gegen Willensmittler als Nötigung?, Neue Juristische Wochenschrift 1985, S. 2392 ff
Sommer, Lücken im Strafrechtsschutz des § 240 StGB? Neue Juristische Wochenschrift 1985, S. 769 ff
Starck, Wie verwerflich ist nun Gewalt? FAZ 3. 1. 87
Tröndle, Die Vernachlässigung und Ausbeutung des Rechtsstaates, in Herrenalber Texte Nr. 40 1982, S. 33 ff

Wolter, Gewaltanwendung und Gewalttätigkeit, Neue Zeitschrift für Strafrecht 1985, S. 193 ff, 245 ff

9.2 Widerstand

Arndt, Rechtsdenken in unserer Zeit, aaO S. 53
Böckenförde, Der verdrängte Ausnahmezustand, Neue Juristische Wochenschrift 1978, S. 1881 ff
Flechtheim, Revolution als Rechtsbruch, Radius 1984, S. 7 ff
Hill (Hg.), Widerstand und Staatsgewalt - Recht im Streit mit dem Gesetz, Gütersloh 1984
Lorenz (Hg.), Widerstand, Recht und Frieden - Studien aus dem Lutherischen Weltbund, Erlangen 1984
Sommer, Wenn Widerstand zur Losung wird, Zeit 10.6.1983

9.3 Ziviler Ungehorsam

Busche, Welchen Gehorsam schulden wir den Gesetzen? FAZ 3.12.1981
Ebert, Ziviler Ungehorsam, Waldkirch 1984
Ebert, Soziale Verteidigung, Evangelische Kommentare 1984, S. 331 ff
Ebert, Das Konzept der sozialen Verteidigung - Die gewaltfreie Aktion - eine noch unterentwickelte soziale Erfindung, Junge Kirche 1984, S. 612 ff
Ebert, Gewaltfreies Handeln von Christen, Reihe Frieden Heft 1/1983, S. 17 ff
Eckertz, Geburtshelfer des Rechts, Evangelische Kommentare 1984, S. 553 ff
Fetscher, Ziviler Ungehorsam als Bürgerrecht, Zeit 29.3.1985
Franke, Ziviler Ungehorsam aus ethischer Sicht, Seminar Polizeiführungsakademie Münster 1984
Glotz (Hg.), Ziviler Ungehorsam im Rechtsstaat, Frankfurt 1983
Hengesbach, Ziviler Ungehorsam und Demokratie, Kassel 1979
Huber, Folgen christlicher Ethik, Neukirchen 1983, S. 109 ff
Jochheim (Hg.), Die gewaltfreie Aktion, Idee und Methoden, Vorbilder und Wirkungen, Hamburg 1984
Kielmannsegg, Frieden geht nicht vor Demokratie, Zeit 30.9.1983
Rucht, Recht auf Widerstand,

Sternstein, Keine Macht für niemand!, in Guggenberger/Offe (Hg.), An den Grenzen der Mehrheitsdemokratie, Opladen 1984 S. 255 ff, 282 ff
Eine zusammenfassende Literaturübersicht gibt das Urteil des Bundesverfassungsgerichts v. 11.11.86 (s. Anm. 44)

9.4 Terror

Aust, Der Baader-Meinhof-Komplex, Hamburg 1985
Bracher, Geschichte und Gewalt, Berlin 1981, S. 113 ff
Fetscher, Probleme des Terrorismus, in Festgabe für Helmut Gollwitzer, München 1979, S. 193 ff
Maier (Hg.), Terrorismus, Mainz 1979
Schneider/Bock, Gespräche eines Schiffbrüchigen mit einem Bewohner des Festlandes, Zeit 5.4.1985
Sternberger, Drei Wurzeln der Politik, Frankfurt 1984, S. 283 ff
Waldmann, Wann schlagen politische Protestbewegungen in Terrorismus um?, in Konsens und Konflikt S. 399 ff
Weelmer, Terrorismus und Gesellschaftskritik, in Stichworte zur geistigen Situation der Zeit, Frankfurt a. M. 1979, 1. Bd. S. 265 ff

10. Bürgerinitiativen

Guggenberger/Kempf (Hg.), Bürgerinitiative und repräsentatives System, Opladen 1984

11. Asyl

EKD, Gesichtspunkte zur Neufassung des Ausländerrechts, EKD-Texte 10/1985
EKD/Diak. Werk, Sie suchen Asyl in der Bundesrepublik, Einzelschicksale von Bewerbern, epd-Dokumentation 10/11/86
Evangelische Kirche Berlin-Brandenburg, Asyl in unserem Land, Berlin 1985
Kimminich, Grundprobleme des Asylrechts, Darmstadt 1983
Theologische Fakultät Zürich, Kirchlicher Raum – Asylraum – Freiraum, epd-Dokumentation 17a/81

12.1 Kirchenbesetzungen

Flor, Polizei in die Kirche? Evangelische Kommentare 1980, S. 284 ff
Brockmann, Die Besetzung von St. Petri, Hamburg 1979
Warneck, Kirchen und Kirchengemeinden als Zeugen des Widerstandes gegen Rüstungsmaßnahmen, in Reihe Frieden Heft 9/1983, S. 42 f

13. Aktionen gegen den Wehrdienst

epd-Dokumentation 8/85 über Auseinandersetzungen in Nordelbien
Wassermann, Gegen den Rechtsmißbrauch – Wehrdienstverweigerung als Widerstandsform?, DAS 21. 10. 1984

16.1 Zusammenarbeit mit der Polizei

Brunner/Sontheimer, Immer feste druff? Zeit 16. 1. 1987
Friauf, Polizei- und Ordnungsrecht, in Münch (Hg.), Besonderes Verwaltungsrecht, München 1982, S. 191 ff
Klein, Zur Auslegung des Rechtsbegriffs der öffentlichen Sicherheit und Ordnung, Deutsches Verwaltungsblatt 1983, S. 554 ff
Roepke, Lehren aus Loccum, Evangelische Kommentare 1983, S. 500 ff (dazu epd-Dokumentation 42a/83)
Schroeder, Bewahrung des Friedens durch Gewalt? Über die Schwierigkeit der Polizei, den Rechtsstaat zu schützen, in Herrenalber Texte Nr. 40 1982 S. 88 ff

16.3 Polizeikosten

Brünneck, Die Kostenerhebung der Polizei bei Demonstrationen, Neue Zeitschrift für Verwaltungsrecht 1984, S. 273 ff